A poesia épica de Camões

Introdução e comentários
**Rosemeire da Silva
Carlos Cortez Minchillo**

Todos os direitos reservados
Editora Policarpo Ltda
São Paulo - SP
Fone: (11) 288-0895

Os Lusíadas, de Luís de Camões. Com privilégio real. Impressos em Lisboa, com licença da Sancta Inquisição, & do Ordinario: em casa de Antonio Gônçalves Impressor, 1572. Primeira Edição. (Extraído de Biblioteca Nacional, A História de uma Coleção, Herkenholt, Paulo. 1996 - Salamandra Consultoria Editorial Ltda.)

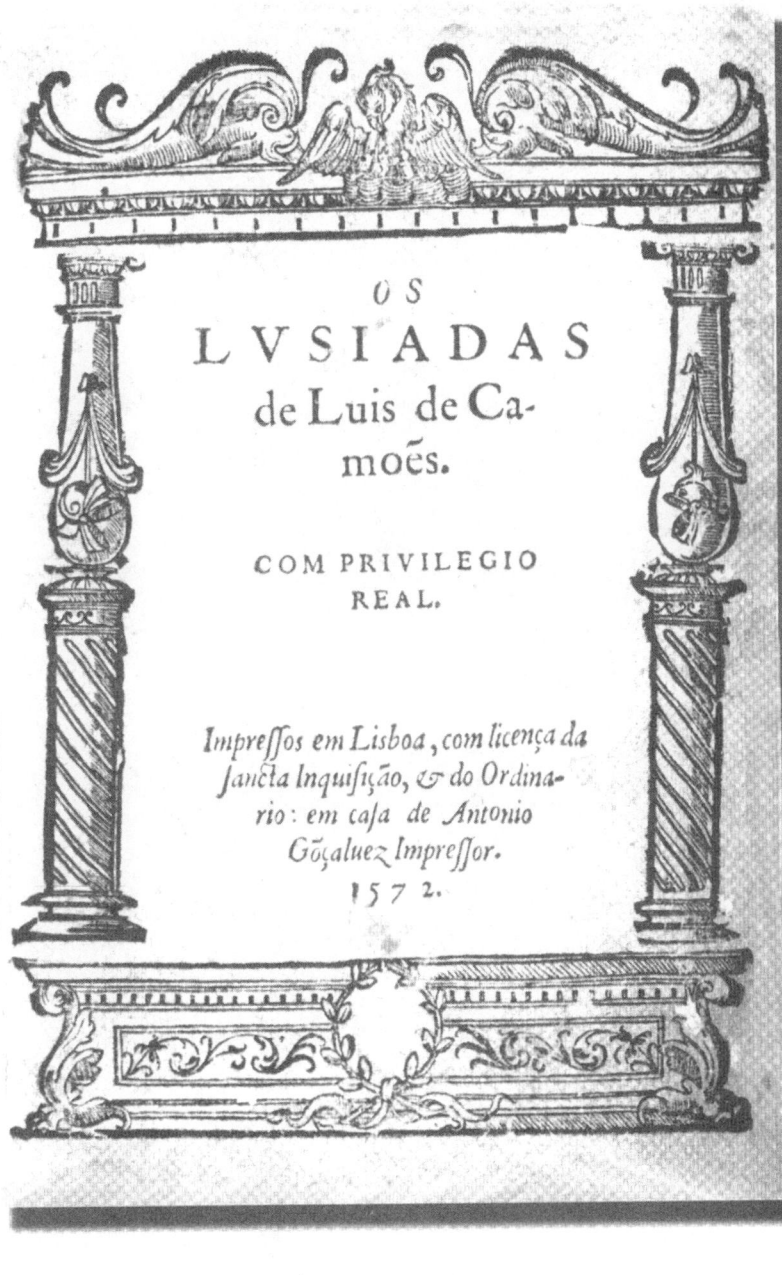

OS LVSIADAS
de Luis de Camoés.

COM PRIVILEGIO REAL.

Impressos em Lisboa, com licença da
Sancta Inquisição, & do Ordina-
rio: em casa de Antonio
Gõçaluez Impressor.
1572.

Índice

I. Introdução: o Renascimento quinhentista 9

II. Síntese e comentários de *Os Lusíadas* 21

Canto Primeiro
Proposição 22
Invocação 25
Dedicatória 26
Narração 29

Canto Segundo
Narração 31

Canto Terceiro
Narração 33
Episódio de Inês de Castro 34

Canto Quarto
Narração 50
Episódio do Velho do Restelo 52

Canto Quinto
Narração 65
Episódio do Gigante Adamastor 66

Canto Sexto
Narração 84

Canto Sétimo
Narração 85

Canto Oitavo
Narração 86

Canto Nono
Narração 87

Canto Décimo
Narração 89
Epílogo 90

Notícias Biográficas 93

Bibliografia 95

Introdução

1. O Renascimento quinhentista

O saber e o dinheiro: um mundo a ser conquistado

Por volta de 1502, setenta anos antes da publicação de *Os Lusíadas*, Leonardo Da Vinci e Niccolò Maquiavel – dois italianos da cidade de Florença – se conheceram. O pintor-engenheiro Da Vinci e o filósofo-funcionário público Maquiavel, a partir desse encontro, trabalharam durante anos em um ambicioso projeto de canalização do rio Arno, ousadia que ilustra bem o significado e a dimensão do Renascimento quinhentista. O projeto pretendia mudar o curso do rio e torná-lo navegável, para dar a Florença acesso direto ao mar e, com isso, garantir uma lucrativa rota comercial. Conhecimentos científicos e ambição econômica juntaram-se então com o objetivo de transformar radicalmente a natureza: a vontade e a razão humanas já não se conformavam com o mundo que existia e que teria sido criado por Deus, mas impunham-se como instrumento de realização dos mais variados sonhos de progresso.

Florença, à beira do rio Arno, tinha conhecido, como

outras importantes cidades da Europa, enorme desenvolvimento a partir do século XIV. Durante o feudalismo, a produção econômica praticamente se restringira à atividade agrícola e a população se concentrara no campo. As rotas de comércio alteraram esse panorama: revitalizaram os centros urbanos europeus onde se praticavam as negociações e promoveram farto enriquecimento da burguesia, que aliava seu poder econômico ao poder político centralizado de reis. Os interesses do Estado estavam, de modo geral, associados aos interesses dos ricos comerciantes, que fundavam as primeiras grandes casas bancárias: quanto mais a burguesia enriquecia, mais impostos permitiam à nobreza uma vida de luxos até então desconhecidos. A fortuna de reis, duques e grandes negociantes muitas vezes foi empregada para patrocinar os arquitetos que projetavam palácios, pontes e igrejas, os pintores e escultores que decoravam salões, jardins e altares, os músicos que animavam as festas palacianas. Um dos beneficiados por essa demanda de obras de arte foi justamente Leonardo Da Vinci.

O homem renascentista: de olho no futuro, com um pé no passado

Da Vinci pode ser entendido como síntese do homem do Renascimento. Estudioso e inventivo, aplicou-se a uma variedade incrível de atividades: pintor, cartógrafo, músico, anatomista, arquiteto, urbanista, engenheiro militar, escultor. Tal abrangência de interesses representa bem o afã de conhecimento que marcou a Europa dos séculos XV e XVI. Aos poucos o forte teocentrismo medieval cristão — segundo o qual toda a natureza havia sido criada por Deus e dele dependia completamente — foi cedendo espaço para o antropocentrismo. Isso significava substituir a aceitação passiva e receosa da "vontade divina" pela confiança de que, se Deus criou a Terra, os seres e o dom da razão humana, então o homem, através de seu esforço intelectual, poderia tudo pesquisar e alterar para engrandecer a própria glória divina.

A ideologia antropocêntrica legitimava qualquer tentativa humana de estudar e compreender os fenômenos da natureza e da vida social, não para questionar a existência de Deus, mas para livrar o homem de sofrimentos e limitações até então entendidos como proibições ou castigos divinos. O aperfeiçoamento técnico rompeu definitivamente dogmas científico-religiosos — como a noção de que a Terra fosse o centro do universo — e permitiu que um talento como Da Vinci projetasse cinco séculos atrás protótipos do que hoje chamamos de helicópteros, tanques de guerra, além, é claro, dos canais que — se tivessem sido construídos — evitariam as inundações do rio Arno e levariam Florença aos domínios dos mares.

Se por um lado o Renascimento constituiu um projeto de modernização dos conhecimentos e das técnicas em todas as áreas do saber, por outro representou a redescoberta e difusão da cultura da Antigüidade clássica, considerada por homens como Maquiavel, Leonardo da Vinci, Michelângelo e Galileu como uma época de ouro do desenvolvimento humano. Os artistas, poetas, filósofos e cientistas da Renascença foram buscar nas obras de gregos e romanos um conhecimento que, durante a Idade Média, havia sido controlado e monopolizado pela Igreja Católica a fim de impedir que a doutrina cristã fosse ameaçada por idéias que lhe fossem contrárias. Porém, esse domínio absoluto da Igreja foi enfraquecido no período da Renascença em função da aliança entre o poder econômico da burguesia comercial e o poder político dos reis. O comércio precisava ser expandido e, para isso, novos aparatos precisavam ser desenvolvidos: instrumentos de medição, fundição de metais, meios de transporte, observação geográfica. A busca do enriquecimento — anteriormente condenada pela Igreja Católica — promoveu o interesse pelos conhecimentos antigos detidos até então pelos sábios religiosos. Fundaram-se universidades que possibilitavam o acesso a tratados científicos, estudos filosóficos, poemas produzidos pelos artistas e pensadores da Grécia e da Roma antigas. Só faltava um detalhe para que essa cultura acumulada no passado pudesse mais facilmente circular. Quem deu o passo decisivo nesse sentido foi Gutemberg.

O desenvolvimento das técnicas de impressão, no século XV, permitiu que as obras dos mestres da Antigüidade — e as novas obras escritas pelos renascentistas — pudessem ser reproduzidas em maiores quantidades e com mais rapidez, dispensando o lento trabalho de calígrafos que, até aquela época, produziam nos mosteiros cópias manuscritas. O livro impresso revolucionou o acesso ao conhecimento. Contribuiu decisivamente para que os homens letrados — imbuídos da certeza de que podiam descartar as explicações puramente religiosas e desvendar os mistérios do mundo por meio da razão — pudessem apoiar-se na sabedoria antiga e impulsionar o progresso das ciências e das artes.

A crença na capacidade intelectual humana, o otimismo em relação à possibilidade de se alterar o mundo natural e social, a valorização do indivíduo que ultrapassa — por seu conhecimento, inteligência, curiosidade e audácia — limites até então intransponíveis, todos esses valores formam a base do que se chamou de Humanismo. A postura antropocêntrica humanista, associada à retomada da cultura da Antigüidade e à dinamização do comércio e da vida urbana, constituem a essência do Renascimento. Nesse período fomentou-se o espírito empreendedor, o que explica, por exemplo, tanto o projeto hidráulico de Leonardo Da Vinci e Niccolò Maquiavel, quanto a ousadia de Vasco da Gama chegar às Índias. Como não poderia deixar de acontecer, esse ímpeto também inspirou artistas — como Camões — que puderam louvar as grandezas humanas.

Perfeição e harmonia: a glorificação do mundo terreno

Nos braços de mármore do Moisés de Michelângelo tem-se a impressão de que músculos tensionam-se e veias pulsam; o sorriso da Gioconda de Da Vinci revela uma sutileza que só a realidade parece capaz de produzir. As artes plásticas do Renascimento espelharam — por meio da perfeição com que copiaram o corpo humano e a natureza — o compromisso humanista de conhecer e registrar o homem e o mundo terreno, exaltando toda sua graça e energia. Mesmo quando o tema é religioso, as telas e esculturas quinhentistas indicam que, coberto pelos mantos de personagens bíblicos, abençoado pelas auréolas dos santos, existe um corpo humano, representado em todo o seu vigor e, para o escândalo de alguns censores da época, às vezes exibindo a nudez. Também na arte, o homem tornou-se o centro das atenções e o mundo que nos cerca foi alvo de intensa e cuidadosa observação.

A arte quinhentista floresceu em grande parte no ambiente das ricas cortes européias ou sob o patrocínio da Igreja. Assim como as ciências, a arte servia a uma elite — laica ou clerical — que podia dar-se ao luxo de financiar requintadas obras para o deleite dos sentidos ou para a glorificação religiosa. A remuneração pelo trabalho artístico permitiu que pintores e escultores como Leonardo da Vinci e Michelângelo se dedicassem integralmente ao estudo de sua arte e alcançassem, assim, notável desenvolvimento técnico. Pesquisaram e divulgaram conhecimentos de perspectiva, de volumes e de proporções, testaram a química dos pigmentos e vernizes. Conceberam novas técnicas de representação que permitiram que as imagens pintadas ou esculpidas ganhassem naturalidade e harmonia, simulando com verossimilhança movimentos e detalhes que impressionam até hoje pela perfeição. É o que encanta, por exemplo, no rosto da Mona Lisa ou no corpo esculpido de Moisés.

Na Idade Média, ao contrário, as artes plásticas transpiravam total rigidez e falta de naturalidade. As obras estavam praticamente limitadas aos temas religiosos e basicamente serviam como instrumento de instrução evangélica e adoração cristã. A ausência de proporções entre as figuras, a posição estática e plana de seres e objetos, tudo indica uma arte rudimentar, pouco interessada em causar a sensação de harmonia ou de verossimilhança.

A arte do Renascimento, além de desenvolver técnicas, ampliou as possibilidades temáticas, não só pelo retrato de nobres e burgueses, cenas cotidianas e paisagens, mas também pela incorporação dos episódios e personagens da mitologia greco-romana, conseqüência da difusão da cultura antiga.

Classicismo literário: formalismo e sofisticação

Também a literatura influenciou-se pela recuperação de temas e padrões da Antigüidade. A fé cristã associou-se em muitas obras ao paganismo das divindades mitológicas, que, esvaziadas de qualquer significado religioso, assumiram função ornamental na poesia quinhentista. No plano formal, disseminaram-se modelos baseados nas obras de Homero, Virgílio e Horácio, considerados pelos humanistas do Renascimento como poetas de classe, ou seja, de qualidade insuperável. Nesses poetas, encontrou-se um estilo grandioso e rígidas regras de composição que assegurariam a perfeição formal, garantindo a beleza e harmonia perseguidas pelos renascentistas.

Na busca da expressão perfeita, a cultura clássica surgiu como resposta. Reintroduziram-se gêneros literários que não haviam sido praticados na Idade Média: a epopéia, a ode [1], a

---

[1] Ode: poesia de caráter elogioso, destinada orinalmente a louvar os feitos de deuses e atletas. No Renascimento, as odes passaram a enaltecer nobres e personalidades públicas.

elegia ², o soneto. Os versos menores e mais populares — como os redondilhos ³ — foram em certa medida abandonados em favor de padrões métricos mais extensos, como o decassílabo e o dodecassílabo. A linguagem requintou-se, não só com as referências eruditas à mitologia e à história greco-romana, mas também pela intensificação do emprego de figuras de linguagem, como a metáfora e a metonímia, a prosopopéia e a hipérbole.

O resultado foi uma literatura sofisticada e de difícil elaboração, que se dirigia a leitores cultos que a pudessem decifrar. Consistia, enfim, em uma literatura que refletia o valor dado no Renascimento à perfeição estética e à capacidade intelectual de autores e leitores. Trata-se ainda de um literatura que facilmente se tornou convencional, na medida em que codificou certos procedimentos que deveriam ser invariavelmente adotados. Some-se a isso o fato de que, na época do italiano Sannazzaro, do espanhol Garcilaso de la Vega e do português Luís Vaz de Camões — todos poetas renascentistas — imitar os mestres da literatura era sinal de extremo bom gosto e competência poética. O objetivo do poeta seria o de encontrar nos modelos uma expressão universalmente aceita e admirada.

Origem e difusão da literatura clássica

O Renascimento literário desenvolveu-se a partir da Itália e influenciou praticamente toda a Europa do século XVI. Esse revigoramento artístico ocorreu originalmente na península italiana por dois principais fatores: primeiro, porque é evidente que o território italiano preservava boa dose da cultura latina de

---

[2] Elegia: composição sobre tema fúnebre.
[3] Redondilhos: versos de cinco sílabas (redondilho menor) ou sete sílabas (redondilho maior). Os versos redondilhos representam uma métrica de mais fácil elaboração e memorização; por isso, foram muito populares nas poesias cantadas da Idade Média.

Roma antiga. Além disso, desde o século XV, cidades como Veneza, Gênova, Nápoles e Pisa haviam explorado com quase total monopólio as rotas comerciais que ligavam o continente europeu ao Oriente, através do Mediterrâneo. Os ricos dirigentes dessas cidades encontraram nas letras e nas artes uma forma de ostentar seu prestígio e poder e forneceram aos artistas, através do mecenato, condições únicas de estudo e trabalho. Essas cortes italianas tornaram-se então pólos de atração de poetas, músicos, arquitetos e pintores de todas as regiões européias.

O poeta português Sá de Miranda desfrutou dessa atmosfera ao viver por cerca de seis anos na Itália, onde conheceu as obras dos Humanistas do século XV, como Dante Alighieri e Petrarca, que se tornaram modelos para os poetas renascentistas. Ao retornar a Portugal, em 1527, trouxe consigo as novidades do novo estilo de poesia, especialmente os versos decassílabos (medida nova) e a forma do soneto.

Luís Vaz de Camões—cuja poesia lírica inclui versos de cunho populares, de origem medieval, com predomínio de versos redondilhos—deixou-se influenciar pelas idéias trazidas por Sá de Miranda. Camões praticou o "dolce stil nuovo" da poesia italiana e adotou também outras tendências da poesia clássica: escreveu sonetos, elegias, odes, além, é claro, da epopéia *Os Lusíadas*, modelada a partir da *Odisséia* de Homero e da *Eneida* de Virgílio.

Verdade histórica e fantasia em *Os Lusíadas*

Seguindo a estrutura das epopéias clássicas, Camões dividiu *Os Lusíadas* em dez cantos [4] e cinco partes. As partes constitutivas de uma epopéia são a *Proposição* (ou Introdução), a *Invocação*, a *Dedicatória*, a *Narração* e o *Epílogo*. No poema

---

[4] Os capítulos de um romance seriam o correspondente moderno de um canto de uma epopéia clássica.

camoniano, o primeiro canto concentra as três primeiras partes e dá início à Narração, naturalmente a mais longa, que se estenderá até o último canto, do qual também faz parte o Epílogo.

Do ponto de vista formal, todos os 8816 versos de *Os Lusíadas* foram escritos em versos decassílabos, a chamada medida nova. As estrofes são compostas por oito versos regulares, chamadas estâncias, todas em oitava-rima, pois apresentam o esquema de rimas abababcc. Entre os seis primeiros versos, constitui-se o esquema de rimas cruzadas, enquanto os dois últimos versos, rimados entre si, formam uma rima emparelhada.

Embora a complexidade da estrutura de *Os Lusíadas* seja de fato surpreendente para o leitor moderno, não se deve perder de vista que Camões valeu-se, na composição da epopéia, de convenções literárias muito difundidas entre os humanistas de sua época. Preceitos como busca da perfeição formal, da beleza, do equilíbrio e da harmonia são fundamentais no Classicismo, o que vincula a obra ao contexto em que foi produzida.

O estudo e a revalorização de obras da Antigüidade clássica forneceram a Camões o modelo greco-latino da poesia épica. A épica caracteriza-se pelo relato das ações de um guerreiro dotado de excepcionais qualidades, que realiza feitos importantes para toda uma coletividade, ao mesmo tempo em que triunfa individualmente. O típico herói épico é Ulisses, que passa por uma série de provações, conjugando força e astúcia para resolver os inúmeros percalços narrados na *Odisséia*, um dos poemas épicos em que se inspirou Camões.

Na tentativa de reproduzir o modelo da epopéia greco-latina, Camões tomou como assunto as navegações portuguesas e a figura notável de Vasco da Gama. Embora a ousadia do comandante português pudesse atender perfeitamente à necessidade de um herói destemido imposta pelo gênero épico, o poeta seleciona como herói não apenas um único personagem, mas toda uma coletividade. Vasco da Gama simboliza, na verdade, o povo português, e o feito das descobertas ultramarinas é apresentado como o resultado do esforço de toda a nação.

Apesar de conhecer e adotar como matriz as epopéias do passado, Camões imprime inovações no gênero épico. Ao intercalar a narrativa da heróica viagem com trechos em que predomina o lirismo amoroso — como ocorre nos episódios de Inês de Castro e do gigante Adamastor —, o poeta rompe com o padrão clássico da epopéia, que não reservava espaço significativo para abordagens emocionais. Além disso, no episódio do Velho do Restelo e no epílogo transparece uma crítica às navegações ultramarinas; dessa forma, *Os Lusíadas* ao mesmo tempo enaltece a coragem e a determinação do povo português e põe em dúvida a validade dos sacrifícios em nome da conquista dos mares. Esse teor crítico igualmente contrasta com os poemas épicos da tradição greco-romana.

Os deuses da mitologia como elemento de coesão do poema

A publicação de *Os Lusíadas* passou, como as demais obras produzidas no período, pela leitura dos censores da Inquisição, cuja atuação tinha como objetivo coibir produções que pudessem macular a imagem da Igreja Católica. No processo de censura inquisitorial, a obra de Camões provavelmente foi acolhida com benevolência, uma vez que o autor, depois de ler a obra ao rei D. Sebastião, recebera do monarca a indicação para que a epopéia fosse publicada.

Embora tenha aprovado a publicação de *Os Lusíadas*, o censor julgou necessário alertar os possíveis leitores para a presença constante de "Deoses do Gentio" no poema, ou seja, os deuses da mitologia clássica. Certamente, ao ler a obra, o censor sentiu a força das personagens míticas, que tecem para os navegadores portugueses uma intrincada rede de obstáculos que move o eixo central da narrativa. Procurando justificar a função primordial que divindades mitológicas exercem na trama de *Os Lusíadas*, uma obra produzida por um escritor cristão, o censor afirma que Camões tencionava adornar o texto e engrandecer as dificuldades da viagem de Vasco da Gama às Índias, enaltecendo, conseqüentemente, o mérito português pelo sucesso das expedições marítimas.

Assim, em 1572, publica-se, com essa ressalva, *Os Lusíadas*, a mais importante epopéia da tradição literária portuguesa, em que deuses da mitologia clássica são personagens que ganham vida e sentimentos humanos para criar o plano ficcional da epopéia. A atividade dos deuses da mitologia constitui o fio condutor da seqüência narrativa, uma vez que "sem a fábula mitológica o poema não seria mais que uma seqüência de episódios e de quadros desarticulados"[5], como haviam sido as obras portuguesas anteriores que buscavam o estatuto de epopéia [6]. Ao mesmo tempo em que garantem a unidade da obra, os deuses compõem o chamado *maravilhoso pagão* de *Os Lusíadas*, que consiste na presença de entidades greco-latinas que, humanizadas pelo poeta, participam contrária ou favoravelmente aos portugueses em sua aventura marítima.

---

[5] SARAIVA, António José. *Iniciação à Literatura Portuguesa*. São Paulo, Cia. Da Letras, 1999, p.59.

[6] Os autores Zurara, Garcia de Resende (século XV) e sobretudo António Ferreira (século XVI) já haviam idealizado ou mesmo anunciado a produção de uma epopéia portuguesa. Cf. SARAIVA, António José. *Iniciação à Literatura Portuguesa*. São Paulo, Cia. das Letras, 1999, p.57.

II. Síntese e análise de *Os Lusíadas*

Canto Primeiro

Proposição
Invocação
Dedicatória
Narração

Proposição

1

As armas e os barões assinalados
Que da Ocidental Praia Lusitana,
Por mares nunca de antes navegados
Passaram ainda além da Taprobana [7],
Em perigos e guerras esforçados,
Mais do que prometia a força humana,
E entre gente remota edificaram
Novo Reino que tanto sublimaram; [8]

2

E também as memórias gloriosas
Daqueles Reis que foram dilatando
A Fé, o Império, e as terras viciosas
De África e de Ásia, andaram devastando,
E aqueles que por obras valorosas
Se vão da lei da Morte libertando:
Cantando espalharei por toda a parte,
Se a tanto me ajudar o engenho e a arte.

3

Cessem do sábio Grego [9] e do Troiano [10]
As navegações grandes que fizeram;
Cale-se de Alexandre [11] e de Trajano [12]
A fama das vitórias que tiveram;
Que eu canto o peito ilustre lusitano,
A quem Netuno [13] e Marte [14] obedeceram.
Cesse tudo que a Musa [15] antiga canta,
Que outro valor mais alto se alevanta.

---

[7] Taprobana: ilha do Ceilão, na África.
[8] Em todas as estâncias de Os Lusíadas, o primeiro verso rima com o terceiro e com o quinto, enquanto o segundo rima com o quarto e com o sexto. Assim, constitui-se o esquema ababab; os dois últimos versos rimam entre si, constituindo o esquema cc.
[9] Sábio Grego: Ulisses, cantado por Homero na Odisséia.
[10] Troiano: Enéias, cantado por Virgílio na Eneida.
[11] Alexandre: Alexandre Magno.
[12] Trajano: imperador romano de origem espanhola.
[13] Netuno: deus do mar.
[14] Marte: deus da guerra.
[15] Musa antiga: a poesia da Antigüidade. Para os clássicos, a Musa da epopéia e da eloqüência era Calíope.

Na primeira estância do poema, ao referir-se às "armas" e aos "barões assinalados", ou seja, aos soldados e aos homens ilustres de Portugal que se envolveram nas viagens ultramarinas, Camões atribui a eles coragem e força inigualáveis, visto que teriam enfrentado enormes perigos, maiores do que a força humana poderia suportar. Ao ressaltar a bravura dos Lusos, o poeta revela que não apenas cantará o heroísmo de Vasco da Gama, comandante da viagem às Índias, como principalmente enaltecerá todos os portugueses, razão pela qual o herói de *Os Lusíadas* não é o indivíduo, como nas epopéias da Antigüidade clássica, mas toda a coletividade que o comandante representa.

Evidentemente motivado pela expansão marítima portuguesa, Camões apresenta, em tom otimista e grandiloqüente, a "Proposição" de *Os Lusíadas*, composta pelas três primeiras estâncias do poema. Sua intenção é cantar os feitos decorrentes das viagens ultramarinas. Não lhe faltavam ações heróicas a serem exaltadas, uma vez que o poeta viveu a época imediatamente posterior ao apogeu das navegações, período em que a pequena nação transformara-se, em algumas décadas, numa grande potência mercantil. Do ponto de vista intelectual, Camões viveu em pleno Renascimento, cuja ideologia humanista de valorização do homem, que passa a ser "medida de todas as coisas" e agente transformador da Natureza, apresenta-se claramente na "Proposição".

A visão de que o homem é o centro de seu próprio mundo não poderia entrar em choque, no entanto, com a doutrina defendida pela Igreja. Sobretudo nos países mais arraigadamente católicos, como Portugal, era importante articular os resultados das descobertas científicas e do progresso com a fé católica. Desse modo, Camões declara, na "Proposição" de *Os Lusíadas,* a estreita relação entre a expansão ultramarina e a difusão do Cristianismo em "terras viciosas", ou seja, naquelas em que a religião não era cristã.

Na terceira estância, em virtude da bravura e da importância da expansão marítima portuguesa, o poeta pede que "cesse tudo que a Musa antiga canta", ou seja devem ser esquecidos todos os feitos antigos, pois "outro valor mais alto se alevanta", numa clara referência às façanhas portuguesas, que considera tão gloriosas a ponto de fazer desaparecer feitos de personagens como Ulisses, Enéias, Alexandre Magno e Trajano. Ao declarar que canta o "peito ilustre lusitano", Camões confirma o desejo expresso na primeira estância: exaltará a bravura de todo o povo português — os Lusos — por meio da narrativa da viagem às Índias. *Os Lusíadas* representa, assim, a história de uma coletividade que empreendeu uma arrojada aventura marítima repleta de perigos, descobertas e conquistas.

Invocação

4

E vós, Tágides minhas, pois criado
Tendes em mi um novo engenho ardente,
Se sempre, em verso humilde, celebrado
Foi de mi vosso rio alegremente,
Dai-me agora um som alto e sublimado,
Um estilo grandioloco e corrente,
Por que de vossas águas Febo [16] ordene
Que não tenham inveja às de Hipocrene [17].

5

Dai-me uma fúria grande e sonorosa,
E não de agreste avena ou flauta ruda,
Mas de tuba canora e belicosa,
Que o peito acende e a cor ao gesto muda;
Dai-me igual canto aos feitos da famosa
Gente vossa, que a Marte tanto ajuda;
Que se espalhe e se cante no Universo,
Se tão sublime preço cabe em verso.

    Segundo a mitologia clássica, as responsáveis pela poesia e pelo canto eram nove musas, filhas de Apolo e Memória. As jovens eram constantemente evocadas pelos poetas a fim de inspirá-los a cumprir a árdua tarefa de cantar com eloqüência e precisão os fatos épicos a serem narrados. Seguindo a tradição clássica, Camões pede inspiração às musas para que possa expressar com talento e arte suficientes as façanhas portuguesas que pretende relatar. O poeta dirige-se, entretanto, não às musas antigas, mas às Tágides, que são as supostas Ninfas do Tejo, o mais importante rio de Portugal. Dessa forma, inspira-se em entidades portuguesas para narrar feitos valorosos: sem a ajuda das Ninfas, o poeta duvida que pudesse espalhar seu canto pelo universo.

---

[16] Febo: Apolo, deus do Sol. Ele era chefe das Musas.
[17] Hipocrene: fonte que o cavalo alado Pégaso fez brotar. Quando alguém bebia de sua água, expressava-se poeticamente.

Dedicatória

6

E vós, ó bem nascida segurança
Da Lusitana antiga liberdade,
E não menos certíssima esperança
De aumento da pequena Cristandade;
Vós, ó novo temor da Maura lança,
Maravilha fatal da nossa idade,
Dada ao mundo por Deus (que todo o mande,
Para do mundo a Deus dar parte grande);

7

Vós, tenro e novo ramo florescente,
De uma árvore, de Cristo mais amada
Que nenhuma nascida no Ocidente,
Cesárea [18] ou Cristianíssima [19] chamada,
(Vede-o no vosso escudo, que presente
Vos amostra a vitória [20] já passada,
Na qual vos deu por armas e deixou
As que Ele para Si na Cruz tomou);

8

Vós, poderoso Rei, cujo alto império
O sol, logo em nascendo, vê primeiro;
Vê- o também no meio do Hemisfério,
E, quando desce, o deixa derradeiro;
Vós, que esperamos julgo e vitupério
Do torpe Ismaelita [21] cavaleiro,
Do Turco Oriental e do Gentio [22]
Que ainda bebe o licor do santo Rio:

---

[18] (Árvore) Cesárea: dos imperadores da Alemanha.
[19] (Árvore) Cristianíssima: dos reis da França, que usavam o título de Cristianíssimos desde o século XIV.
[20] A vitória refere-se à Batalha do Ourique, responsável pela mudança do brasão de Portugal. Foram acrescidos cinco escudos azuis à cruz em fundo branco que marcava as armas da nação. Os cinco escudos representam as chagas de Cristo que, segundo a lenda, aparecera a D. Afonso Henriques, antes da luta.
[21] Ismaelita: os turcos.
[22] Seguem as referências a povos não cristãos.

Inclinai por pouco a majestade,
Que nesse tenro gesto vos contemplo,
Que já se mostra qual na inteira idade,
Quando subindo ireis ao eterno Templo;
Os olhos da real benignidade
Ponde no chão: vereis um novo exemplo
De amor dos pátrios feitos valorosos,
Em versos divulgados numerosos. [23]

[...]

17

Em vós se vem, da Olímpica morada,
Dos dois avôs as almas cá famosas;
Uma na paz angélica dourada,
Outra, pelas batalhas sanguinosas.
Em vós esperam ver-se renovada
Sua memória e obras valorosas;
E lá vos tem lugar, no fim da idade,
No templo da suprema Eternidade.

18

Mas, enquanto este tempo passa lento
De regerdes os povos que o desejam,
Daí vós favor ao novo atrevimento,
Para que estes meus versos vossos sejam;
E veres ir cortando o salso argento
Os vossos Argonautas, por que vejam
Que são vistos de vós no mar irado,
E costumai-vos já ser invocado.

    Na terceira parte da obra, Camões preocupa-se em dedicar o poema a D. Sebastião, rei de Portugal, a quem leu o manuscrito de *Os Lusíadas*. quando voltou ao país. Prática muito comum entre os artistas, dedicar uma obra a pessoas ilustres tinha profunda relação com o difundido mecenato do período do Renascimento, uma vez que muitos reis, fidalgos e religiosos financiavam a produção dos

---

[23] Os versos numerosos de *Os Lusíadas* narrarão com amor os feitos valorosos dos portugueses.

artistas. Foi D. Sebastião, por exemplo, quem ordenou o pagamento de uma pensão vitalícia ao poeta.

O tratamento elogioso dirigido ao rei ressalta as qualidades do monarca, conhecido pela extraordinária capacidade de difundir a fé cristã e de vencer as constantes lutas contra os mouros. O poeta apresenta, nas treze estrofes que compõem a "Dedicatória", uma síntese dos fatos que pretende narrar em sua epopéia: cita personagens da História de Portugal, faz referência aos feitos heróicos da nação e enfatiza a importância do rei, para quem antevê um futuro glorioso. A apresentação dos fatos que constituirão a base da matéria histórica da epopéia aparecem acompanhadas por repetidos pedidos de que o rei aceite como seus, simbolicamente, os versos de Camões.

Narração

19

Já no largo oceano navegavam,
As inquietas ondas apartando;
Os ventos brandamente respiravam,
Das naus as velas côncavas inchando;
Da branca escuma os mares mostravam
Cobertos, onde as proas vão cortando
As marítimas águas consagradas,
Que do gado de Próteu são cortadas.

20

Quando os Deuses no Olimpo luminoso,
Onde o governo está da humana gente
Se ajuntam em concílio glorioso,
Sobre as cousas futuras do Oriente.
Pisando o cristalino Céu formoso,
vem pela Via Láctea juntamente,
Convocados, da parte de Tonante,
Pelo neto gentil do velho Atlante.

 A quarta parte de *Os Lusíadas* compreende toda a narração da viagem de Vasco da Gama às Índias. As duas estrofes transcritas representam, paralelamente, os dois planos que compõem o poema: o histórico, baseado na veracidade do fato que determina o tema de *Os Lusíadas*, ou seja, a chegada ao Oriente; o mítico, em que atuam os deuses da mitologia greco-latina.
 As naus portuguesas aparecem já em alto mar, cortando mansamente as águas em direção ao Oriente. Mal desconfiam os navegantes que, no Olimpo, templo de Zeus, os deuses da mitologia clássica discutem sobre o destino dos lusitanos. Arma-se o famoso Concílio dos Deuses, cujo resultado será um embate entre a vontade de Júpiter de que os navegantes, por serem guerreiros valorosos, atinjam seu objetivo e a oposição de Baco, que teme que os portugueses alcançarão glória tao grande que ele será esquecido como principal deus do Oriente. Vênus, reconhecendo qualidades especiais nos lusos, é favorá-

vel aos navegantes, assim como Marte. O Concílio termina sem que haja uma decisão comum. Júpiter determina que os portugueses consigam realizar a viagem, mas Baco, inconformado, resolve agir contra as três naus que navegam rumo ao Oriente.

A primeira das dificuldades ocorre ainda no Canto Primeiro. Ao chegar a Moçambique, Vasco da Gama procura estabelecer uma relação amistosa com o governador do lugar. Solicita-lhe um piloto que conduza a nau em segurança até as Índias. Assumindo a forma de um velho sábio, Baco desce à Terra e aconselha o governador a lutar contra os portugueses. Sugere-lhe ainda que, caso não conseguisse vencer os lusos em batalha, indicasse a eles um piloto que os levaria à morte. Respeitando a sabedoria do velho, o governador segue seus conselhos e arma uma cilada contra os lusos, que derrotam os muçulmanos. O pedido de paz do governador é seguido do oferecimento do piloto, que Vasco da Gama aceita.

A viagem prossegue, e o falso piloto mente ao capitão, dizendo-lhe que estavam perto de Quíloa, uma terra de cristãos, quando na verdade tratava-se de um reino muçulmano. Ciente das maquinações de Baco, Vênus intercede: faz com que as esquadras sejam desviadas de Quíloa. Vasco da Gama segue viagem até Mombaça, atual Quênia, onde é recebido com cordialidade fingida, porque Baco, tomando a forma humana de um árabe, avisara ao rei sobre as naus portuguesas.

Canto Segundo

Narração

Vasco da Gama é recebido por mensageiros do rei de Mombaça, que lhe comunicam o desejo do monarca de que os portugueses aportem em sua terra. O capitão decide que apenas entrará naqso canal escuro para chegar à terra firme pela manhã, pois seria mais seguro. Não desce do navio e manda dois degredados para certificar-se de que se tratava de terra de cristãos. Os dois homens são recebidos amigavelmente e levados ao lugar onde dormiriam. Baco estava ali, disfarçado de monge, adorando imagens cristãs em um altar falso. No dia seguinte, Vasco da Gama recebe notícias de que seria seguro atracar naquele porto, o que o faz decidir pelo desembarque.

Vênus, agindo rapidamente, convocou as Nereidas [24] para, juntamente com elas, impedir a entrada dos portugueses naquele lugar, empurrando as naus para trás. Arma-se uma grande confusão: os marinheiros tentam controlar o navio, enquanto o piloto e os outros muçulmanos, imaginando que tinham sido descobertos, lançam-se ao mar e nadam em direção à praia, onde há uma emboscada para os navegantes portugueses. O comandante agradece a intervenção de Deus, pois percebe que passara por um terrível perigo. Ao mesmo tempo, Vênus, ouvindo as preces do navegador, sobe ao Olimpo e pede ajuda a Júpiter, que envia seu filho Mercúrio a Melinde, reino próximo a Mombaça, para que o deus mensageiro desperte, na gente melindana, uma predisposição favorável em relação aos portugueses. Em seguida, Mercúrio aparece em sonho a Vasco da Gama, aconselhando-o a sair de Mombaça, pois o mar estaria calmo e os portugueses chegariam a uma terra de gente amiga.

---

[24] As Nereidas são divindades marinhas, filhas de Nereu, o velho do mar.

O comandante segue os conselhos recebidos no sonho e chega a Melinde (cidade pertencente atualmente ao Quênia). Depois de recebê-los com grandes festas, o rei melindano pede a Vasco da Gama que conte a História de Portugal. Antes de começar o relato, no entanto, o comandante descreve o clima e a região de sua terra, preparando, nas estrofes finais do Canto Segundo, os fatos que levam ao surgimento do reino de Portugal.

Canto Terceiro

Narração
Episódio de Inês de Castro

Vasco da Gama toma para si a função de narrador dos três cantos seguintes de *Os Lusíadas,* nos quais apresenta, ao rei de Melinde, a História de Portugal. Na primeira estrofe do "Canto Terceiro", o poeta pede à Calíope, musa da poesia épica, que lhe inspire para escrever com arte e precisão o relato de Vasco da Gama, que conta ao rei de Melinde as origens da pátria portuguesa e a fundação do reino, em 1128, por D. Afonso Enriques. Nesse Canto, narram-se episódios fundamentais da História da primeira dinastia de Portugal, dentre os quais se destacam o de Egas Moniz, a Batalha do Salado e a morte de Inês de Castro.

Narrada em tom dramático, a história de Inês, amante de d. Pedro, filho do rei D. Afonso IV, incorpora no poema épico de Camões um momento de intenso lirismo. Querendo evitar que D. Pedro, já casado, mantivesse a relação amorosa extraconjugal que estabelecera com Inês, o rei decide executá-la. A crueldade desse ato indigna D. Pedro, que, quando se torna rei, outorga a Inês de Castro o título de rainha.

Episódio de Inês de Castro

118
>Passada esta tão próspera vitória [25],
>Tornado Afonso à Lusitana terra,
>A se lograr [26] da paz com tanta glória
>Quanta soube ganhar na dura guerra,
>O caso triste e digno da memória [27],
>Que do sepulcro os homens desenterra, [28]
>Aconteceu da mísera e mesquinha [29]
>Que depois de ser morta foi Rainha [30].

119
>Tu só, tu, puro Amor [34], com força crua [32],
>Que os corações humanos tanto obriga,
>Deste causa à molesta morte sua [33],
>Como se fora pérfida [34] inimiga. [35]
>Se dizem, fero [36] Amor [37], que a sede tua
>Nem com lágrimas tristes se mitiga [38],
>É porque queres, áspero e tirano,
>Tuas aras [39] banhar em sangue humano.[40]

120
>Estavas, linda Inês, posta em sossego,
>De teus anos colhendo doce fruto,
>Naquele engano da alma, ledo [41] e cego [42],
>Que a Fortuna [43] não deixa durar muito, [44]
>Nos saudosos campos do Mondego [45],
>De teus fermosos [46] olhos nunca enxuto [47],
>Aos montes ensinando e às ervinhas
>O nome que no peito escrito tinhas. [48]

25 Vasco da Gama, narrador do episódio de Inês de Castro, refere-se à vitória obtida pelos cristãos junto ao mar Salado, na Espanha, no ano de 1340. O rei D. Afonso XI, de Castela, e D. Afonso IV, de Portugal, uniram-se e conseguiram vencer os mouros de Granada e do Marrocos.
26 A se lograr: ao usufruir.
27 Caso triste e digno de memória: trata-se da morte de Inês de Castro.
28 Que do sepulcro os homens desenterra: os fatos dignos de serem lembrados imortalizam os seres humanos.
29 Mísera e mesquinha: infeliz, digna de compaixão e fraca, sem defesa.
30 Depois de morta foi Rainha: D. Inês de Castro, degolada em 1355, foi proclamada rainha de Portugal por D. Pedro assim que ele subiu ao trono, no ano de 1361. A atitude do rei difundiu a lenda de que D. Inês teria sido desenterrada, posta no trono e que o monarca teria obrigado os súditos a beijarem os pés da rainha morta. A efetiva realização desses fatos é, no entanto, praticamente impossível, uma vez que o corpo não poderia estar conservado a ponto de ser publicamente exposto. Houve apenas uma cerimônia jurídica, em que duas testemunhas comprovaram que D. Pedro havia se casado, quando príncipe, com Inês de Castro. Com a legitimação do casamento, o monarca garantiu aos filhos a sucessão do trono e a Inês, depois de morta, o título de rainha, como expressa o poeta no famoso verso final da estrofe.
31 Esta estrofe apresenta um tom acentuadamente lírico, que perpassa toda a narrativa da morte de Inês de Castro. Nos versos iniciais, o poeta lamenta a crueldade do amor, um sentimento sem o qual não se vive, mas que traz dor e sofrimento. Essa é uma concepção amorosa freqüentemente presente na lírica camoniana.
32 Com força crua: com força suficiente para derramar sangue.
33 Deste causa à molesta morte sua: (o Amor) foi a causa da lamentável morte de Inês.
34 Pérfida: desleal, traidora.
35 Nos quatro primeiros versos, revela-se que o amor, sentimento que se impõe às pessoas, foi a causa da triste morte de Inês de Castro.
36 Fero: feroz.
37 Amor: escrito com letra maiúscula, personifica o sentimento amoroso. Refere-se a Eros (Cupido), deus do Amor na mitologia grega.
38 Mitiga: abranda, suaviza.
39 Aras: altares.
40 O amor, personificado em Eros, é apresentado, nos quatro versos finais, como um sentimento cruel, que não se comove com as lágrimas e deseja a morte daqueles que se deixam seduzir por ele.
41 Ledo: feliz, contente.
42 Cego: que perturba a reflexão, irracional; obcecado.
43 Fortuna: a sorte, o destino.
44 Naquele engano da alma, ledo e cego / Que a Fortuna não deixa durar muito: a realidade não permite que a alegria causada pelo sentimento amoroso perdure. O amor, doce "engano da alma", sempre trará dor e sofrimento.
45 Mondego: rio de Coimbra, Portugal.
46 Fermosos: formosos.
47 Nos saudosos campos do Mondego, / De teus fermosos olhos nunca enxuto: o rio Mondego alimentava-se das lágrimas vertidas por Inês.
48 A jovem, tranqüilamente envolvida por um amor feliz e cego, conversa com a natureza, dizendo o nome de D. Pedro. A ausência do amado e o ambiente campestre compõem uma situação poética que remete à lírica medieval portuguesa, especificamente à cantiga lírica de amigo.

121
>
> Do teu Príncipe [49] ali te respondiam [50]
> As lembranças que na alma lhe moravam,[51]
> Que sempre ante seus olhos te traziam,
> Quando dos teus fermosos se apartavam; [52]
> De noite, em doces sonhos que mentiam,
> De dia, em pensamentos que voavam. [53]
> E quanto, enfim, cuidava [54] e quanto via
> Eram tudo memórias de alegria. [55]

122
>
> De outras belas senhoras e princesas
> Os desejados tálamos [56] enjeita [57],
> Que tudo, enfim, tu, puro amor, desprezas,
> Quando um gesto suave [58] te sujeita. [59]
> Vendo estas namoradas estranhezas [60],
> O velho pai [61] sisudo [62], que respeita [63]
> O murmurar do povo [64] e a fantasia
> Do filho [65], que casar-se não queria,

123
>
> Tirar [66] Inês ao mundo determina, [67]
> Por lhe tirar o filho que tem preso, [68]
> Crendo co'o sangue só da morte indina [69]
> Matar do firme amor o fogo aceso. [70]
> Que furor [71] consentiu que a espada fina [72]
> Que pôde sustentar o grande peso
> Do furor mauro [73], fosse alevantada
> Contra uma fraca [74] dama delicada? [75]

⁴⁹ Do teu Príncipe: a expressão refere-se ao amante de Inês, D. Pedro.
⁵⁰ Respondiam: correspondiam.
⁵¹ Do teu Príncipe ali te respondiam / As lembranças que na alma lhe moravam: D. Pedro, assim como Inês, mantém vivas as recordações amorosas. Os versos sugerem que existe uma espécie de diálogo à distância entre as lembranças de Inês e as de D. Pedro.
⁵² Que sempre ante seus olhos te traziam, / Quando dos teus fermosos se apartavam: (as lembranças) traziam a imagem da mulher amada aos olhos de D. Pedro nos períodos em que estavam separados.
⁵³ A oposição noite/dia constitui uma antítese e revela a constância do amor que une D. Pedro e Inês: se dorme, ele a vê em sonhos; se está acordado, em pensamento.
⁵⁴ Cuidava: pensava, imaginava.
⁵⁵ E quanto, enfim, cuidava, e quanto via / Eram tudo memórias de alegria: o amor que une o Príncipe e Inês reside na alegria. Embora nem sempre estivessem próximos, tudo que ele via e imaginava suscitava lembranças felizes da amada.
⁵⁶ Tálamos: leitos nupciais; casamentos.
⁵⁷ De outras belas senhoras e princesas / Os desejados tálamos enjeita: D. Pedro recusa vários casamentos proveitosos.
⁵⁸ Gesto suave: rosto delicado.
⁵⁹ Que tudo, enfim, tu, puro amor, desprezas, / Quando um gesto suave te sujeita: o ser apaixonado só dá valor à amada.
⁶⁰ Namoradas estranhezas: loucuras causadas pela paixão.
⁶¹ Velho pai: D. Afonso IV, pai de D. Pedro.
⁶² Sisudo: prudente, sensato.
⁶³ Respeita: teme, receia.
⁶⁴ Murmurar do povo: preocupava o povo, isto é, a corte, que D. Pedro, futuro rei de Portugal, recusasse casamentos com princesas e outras nobres senhoras.
⁶⁵ A fantasia / Do filho: o desejo do filho, D. Pedro, de casar-se com Inês.
⁶⁶ O sujeito do verbo "tirar" é "O velho pai sisudo". Assim, D. Afonso ordena que Inês seja morta.
⁶⁷ Tirar Inês ao mundo determina: o verso constitui um eufemismo, ou seja, indica a idéia de morte por meio de uma expressão suavizada.
⁶⁸ Por lhe tirar o filho que tem preso: o rei manda matar Inês para libertar o filho do amor que dedica à mulher.
⁶⁹ Indina: indigna.
⁷⁰ Crendo co'o sangue só da morte indina / Matar do firme amor o fogo aceso: o rei acredita que, ao matar Inês, conseguirá destruir a paixão que une os amantes.
⁷¹ Furor: loucura.
⁷² Espada fina: espada de excelente qualidade.
⁷³ Furor mauro: fúria guerreira dos mouros, ou seja, dos árabes.
⁷⁴ Nesta estrofe, o poeta emprega insistentemente o som representado pela letra "f": "filho", "firme", "fogo", "furor", "fina", "fosse", "fraca". A repetição de uma mesma consoante recebe o nome de aliteração.
⁷⁵ Nos quatro versos finais, o poeta questiona a loucura que levou o rei a levantar a espada, que usara em luta com os mouros, contra uma jovem fraca e delicada. Observe que o ímpeto guerreiro do rei contra os árabes é justificado pela força do inimigo, enquanto é injustificável tamanha violência contra uma dama frágil e indefesa.

124
    Traziam-na os horríficos algozes [76]
    Ante o Rei, já movido a piedade [77];
    Mas o povo, com falsas e ferozes
    Razões, à morte crua o persuade. [78]
    Ela [79], com tristes e piedosas vozes,
    Saídas só da mágoa e saudade
    Do seu Príncipe e filhos, que deixava,
    Que mais que a própria morte a magoava, [80]

125
    Para o céu cristalino alevantado,
    Com lágrimas, os olhos piedosos [81]
    (Os olhos, porque as mãos lhe estava atando
    Um dos duros ministros [82] rigorosos);
    E depois, nos meninos atentando [83],
    Que tão queridos tinha e tão mimosos,
    Cuja orfandade como mãe temia,
    Para o avô [84] cruel assim dizia:

126
    Se já nas brutas [85] feras, cuja mente
    Natura [86] fez cruel de nascimento,
    E nas aves agrestes, que somente
    Nas rapinas aéreas tem o intento,
    Com pequenas crianças viu a gente
    Terem tão piedoso sentimento
    Como co'a mãe de Nino [87] já mostraram,
    E co'os irmãos que Roma edificaram [88]: [89]

76 Horríficos algozes: terríveis carrascos. Os algozes são os executores da sentença de morte contra D. Inês de Castro. São eles: Álvaro Gonçalves, Pêro Coelho e Diogo Lopes Pacheco.
77 Já movido a piedade: o rei, com pena de Inês, estava deixando-se comover.
78 Mas o povo, com falsas e ferozes / Razões à morte crua o persuade: os nobres da corte convencem o rei de que Inês deveria morrer. O principal motivo apresentado era o temor de que ascendesse ao trono português um filho bastardo de D. Pedro com D. Inês, em detrimento do filho legítimo de D. Pedro com D. Constança, sua verdadeira esposa. No entanto, o poeta qualifica como "falsas" essas razões e, ao questionar a validade dos motivos apresentados pelos nobres para a sentença de morte, contribui para a difundida crença de que a morte de Inês não passou de um brutal e injusto assassinato. Talvez essa interpretação explique por que o tema tenha suscitado tanto interesse ao longo do tempo.
79 O pronome "ela" refere-se a Inês de Castro.
80 Os últimos quatro versos revelam que Inês sofria mais pelas antecipadas saudades de D. Pedro e de seus filhos, que propriamente pelo temor da morte que se aproximava.
81 Para o céu cristalino alevantado / Com lágrimas, os olhos piedosos: Inês, com expressão piedosa, olhava para o céu límpido, com lágrimas nos olhos.
82 Ministros: um dos conselheiros de D. Afonso IV.
83 Nos meninos atentando: Inês olhava com cuidado para as crianças, seus filhos com D. Pedro.
84 Ao estabelecer a relação familiar entre o rei e os meninos, o poeta evidencia a dramaticidade da cena: trata-se de um avô que tenciona matar a mãe de seus netos. Inês, de joelhos, apela para a compaixão do monarca, em sua frágil e única esperança de que o rei lhe evite a morte em nome da orfandade das crianças.
85 Brutas: irracionais.
86 Natura: natureza.
87 Mãe de Nino: rainha da Assíria, chamada Semíramis, que, segundo a lenda, foi deixada pela mãe em um monte onde as pombas alimentaram-na.
88 Os irmãos que edificaram Roma são Remo e Rômulo. Segundo a lenda, após terem sido abandonados, os irmãos foram criados por uma Loba, que lhes deu de mamar.
89 A estrofe apresenta estrutura argumentativa: Inês afirma que, se até mesmo animais irracionais e aves se enternecem diante do abandono de crianças pequenas, como exemplifica a atitude da Loba que alimenta os irmãos Rômulo e Remo e as pombas que dão comida a Semíramis, é natural que o rei, um ser humano, comova-se com a situação das crianças pequenas, que ficarão órfãs, caso se execute sua sentença de morte.

127
>   Ó tu, que tens de humano o gesto e o peito ⁹⁰
>   (Se de humano é matar uma donzela,
>   Fraca e sem força, só por ter sujeito
>   O coração a quem soube vencê-la), ⁹¹
>   A estas criancinhas tem respeito, ⁹²
>   Pois o não tens à morte escura dela; ⁹³
>   Mova-te a piedade sua e minha ⁹⁴,
>   Pois te não move a culpa que não tinha. ⁹⁵

128
>   E, se vencendo a maura ⁹⁶ resistência,
>   A morte sabes dar com fogo e ferro,
>   Sabe também dar vida, com clemência,
>   A quem para perdê-la não fez erro. ⁹⁷
>   Mas, se to assim merece esta inocência,
>   Põe-me em perpétuo e mísero desterro, ⁹⁸
>   Na Cítia fria ou lá na Líbia ardente, ⁹⁹
>   Onde em lágrimas viva eternamente.

129
>   Põe-me onde se use toda a feridade ¹⁰⁰,
>   Entre leões e tigres, e verei
>   Se neles achar posso a piedade
>   Que entre peitos humanos não achei ¹⁰¹
>   Ali ¹⁰², co'o amor intrínseco ¹⁰³ e vontade
>   Naquele por quem mouro ¹⁰⁴, criarei
>   Estas relíquias suas que aqui viste ¹⁰⁵,
>   Que refrigério ¹⁰⁶ sejam da mãe triste.

90 Ó tu, que tens de humano o gesto e o peito: o rei é homem pelo aspecto físico e pelo coração, ou seja, pelos sentimentos.
91 Por meio dos versos entre parênteses, questiona-se se é digno a um ser humano matar uma jovem delicada, simplesmente por ter se apaixonado por alguém que conseguiu conquistá-la.
92 A estas criancinhas tem respeito: concentra-se, nesse verso, o argumento central que move o pedido de Inês de que o rei desista da sentença de morte em função da orfandade das crianças, netas de D. Afonso IV.
93 Pois o não tens à morte escura dela: o rei não se comove com a terrível morte que terá Inês.
94 "Sua" e "minha" referem-se, respectivamente, às crianças e à Inês.
95 Mova-te a piedade sua e minha, / Pois te não move a culpa que não tinha: Inês afirma que sua inocência não sensibiliza o rei, motivo pelo qual expressa o desejo de que a compaixão pelas crianças e por ela mesma comova o monarca e a salve de tão tenebrosa morte.
96 Maura resistência: a resistência dos mouros (árabes).
97 Mantém-se, nos primeiros quatro versos, a estrutura argumentativa do discurso de Inês. Segundo ela, um rei que teve força e coragem para vencer a guerra e matar o inimigo, igualmente deve ter sabedoria suficiente para ser piedoso e evitar a morte daqueles que nenhum erro cometeram para merecê-la.
98 Mas, se to assim merece esta inocência / Põe-me em perpétuo e mísero desterro: Inês argumenta que, se sua inocência merece a clemência do rei, que a sentença de morte seja comutada ao exílio eterno.
99 Na Cítia fria ou lá na Líbia ardente: dois extremos climáticos, de temperaturas muito frias e quentes, respectivamente, quase insuportáveis à vida humana. Observe o emprego da antítese.
00 Feridade: ferocidade, perversidade.
01 Nos quatro versos iniciais, Inês de Castro insiste na idéia de que nem mesmo os animais seriam tão impiedosos quanto o rei e seus cortesãos.
02 Ali: no exílio.
03 Intrínseco: inerente, que está ligado inseparavelmente a uma pessoa ou a uma coisa e lhe é próprio.
04 Naquele por quem mouro: Inês refere-se a D. Pedro, por quem morre em virtude do seu amor.
05 Relíquias suas: os filhos do príncipe D. Pedro.
06 Refrigério: consolação, alívio, alento.

130
    Queria perdoar-lhe [107] o Rei benino [108],
    Movido das palavras que o magoam; [109]
    Mas o pertinaz [110] povo e seu destino
    (Que desta sorte o quis) lhe não perdoam. [111]
    Arrancam das espadas de aço fino
    Os que por bom tal feito ali apregoam. [112]
    Contra uma dama, ó peitos carniceiros [113],
    Feros vos amostrais [114], e cavaleiros? [115]

131
    Qual [116] contra a linda moça Policena [117],
    Consolação extrema da mãe velha, [118]
    Porque a sombra de Aquiles a condena,
    Co'o ferro o duro Pirro [119] se aparelha; [120]
    Mas ela, os olhos, com que o ar serena
    (Bem como paciente e mansa ovelha), [121]
    Na mísera mãe postos, que endoidece, [122]
    Ao duro sacrifício se oferece:

32
    Tais contra Inês os brutos matadores,
    No colo de alabastro [123], que sustinha
    As obras [124] com que Amor matou de amores
    Aquele que depois a fez Rainha,
    As espadas banhando e as brancas flores,
    Que ela dos olhos seus regadas tinha [125],
    Se encarniçavam [126], férvidos [127] e irosos,
    No futuro castigo não cuidosos [128].

107 "Lhe": refere-se a Inês.
108 Benino: benigno, bondoso.
109 Queria perdoar-lhe o rei benino / Movido das palavras que o magoam: a morte de Inês teria sido incentivada principalmente pela corte. O rei sente-se indeciso, comovido com a situação da dama. Sua caracterização é igualmente ambígua, uma vez que é chamado de "avô cruel" na estrofe 125 e, neste momento, de "rei benino".
110 Pertinaz: persistente, obstinado.
111 E seu destino / (Que desta sorte o quis) lhe não perdoam: embora a persistência do povo tenha influência determinante na morte de Inês, ela estava predestinada a morrer de maneira trágica, pois seu destino também assim o quis. Essa concepção fatalista, que entende que o homem é incapaz de lutar contra a própria sorte, é bastante freqüente na poesia camoniana.
112 Arrancam das espadas de aço fino / Os que por bom tal feito ali apregoam: aqueles que declaram publicamente que a execução de Inês de Castro é justa e necessária sacam suas espadas para matá-la.
113 Peitos carniceiros: a referência à carniça revela que o instinto próprio das feras e das aves de rapina move os executores de Inês de Castro.
114 Vos amostrais: os carrascos de Inês se mostram cruéis.
115 Contra uma dama, ó peitos carniceiros, / Feros vos amostrais e cavaleiros?: o poeta critica os algozes de Inês pelo fato de agirem como as feras e as aves de rapina, interessadas na carne morta. Indigna-lhe que esses homens se mostrem tão ferozes e guerreiros diante de uma mulher indefesa.
116 Qual: como, da mesma maneira que. No primeiro verso, o poeta compara a investida dos carrascos de Inês com a agressividade do ataque contra Policena, relatado a seguir.
117 Policena: filha de Príamo, rei de Tróia. Aquiles, herói grego e inimigo mortal dos troianos, apaixonou-se por Policena. Ao pedi-la em casamento, os troianos impuseram-lhe a condição de que traísse os gregos, o que ele recusou. Em combate, matou Heitor, irmão de Policena. O pai, Príamo, foi buscar o corpo do filho, levando a filha como intermediária. Aquiles reiterou o pedido de casamento a Policena, que o aceitou. Após a cerimônia, Páris, outro irmão de Policena, aproveitando o descuido de Aquiles, matou-o ao desfechar-lhe uma flechada no calcanhar, único ponto vulnerável do corpo do herói grego.
118 Consolação extrema da mãe velha: referência à Hécula, mãe da jovem Policena, que enlouquece com a morte da filha.
119 Pirro: filho de Aquiles, que sacrificou Policena sobre o túmulo de Aquiles, para vingar a morte do pai.
120 Co'o ferro o duro Pirro se aparelha: o firme Pirro tira a espada para sacrificar Policena. Observe que os carrascos de Inês são comparados a Pirro, pois executam o mesmo gesto: armam-se com a espada para igualmente degolar uma inocente.
121 (Bem como paciente e mansa ovelha): a referência à ovelha reforça a docilidade e a submissão da vítima diante do sacrifício. Pirro e os executores de Inês aproximam-se por sua crueza; as duas mulheres, pela resignação com que enfrentam a morte iminente.
122 Mas ela, os olhos, com que o ar serena, (...) na mísera mãe postos, que endoidece: Policena tem os olhos postos na mãe infeliz, que enlouquece ao ver que a filha seria morta.
123 Alabastro: rocha muito branca, translúcida. A associação da brancura da pele da mulher ao alabastro é um clichê literário.
124 No colo de alabastro, que sustinha as obras: o peito de Inês exibia encantos físicos que conquistaram D. Pedro.
125 As brancas flores, / Que ela dos olhos seus regadas tinha: as lágrimas de Inês escorriam-lhe pelo peito.
126 Se encarniçavam: os brutos matadores se deleitavam ao atacar Inês.
127 Férvidos: excitados, entusiasmados.
128 No futuro castigo não cuidosos: os executores de Inês não imaginavam que, futuramente, seriam castigados por seus atos. D. Pedro, ao assumir o trono, consegue prender dois dos assassinos e, tomado de fúria, teria mandado extrair-lhes a machado os corações ainda vivos. A terrível vingança teria se completado com D. Pedro estraçalhando a dentadas os corações dos carrascos de Inês.

133
>
> Bem puderas, ó Sol, da vista destes [129],
> Teus raios apartar aquele dia,
> Como da seva mesa [130] de Tiestes,
> Quando os filhos por mão [131] de Atreu comia! [132]
> Vós, ó côncavos vales, que pudestes
> A voz extrema ouvir da boca fria,
> O nome do seu Pedro, que lhe ouvistes,
> Por muito grande espaço repetistes. [133]

134
>
> Assim como a bonina [134] que cortada
> antes do tempo foi, cândida [135] e bela,
> Sendo das mãos lascivas [136] maltratada
> Da menina que a trouxe na capela,
> O cheiro traz perdido e a cor murchada: [137]
> Tal está, morta, a pálida donzela,
> Secas do rosto as rosas e perdida
> A branca e viva cor, co'a doce vida. [138]

135
>
> As filhas do Mondego [139] a morte escura
> Longo tempo chorando memoraram [140],
> E, por memória eterna, em fonte pura
> As lágrimas choradas transformaram. [141]
> O nome lhe puseram, que inda dura [142],
> Dos amores de Inês, que ali passaram.
> Vede que fresca fonte rega as flores,
> Que lágrimas são a água e o nome Amores. [143]

[129] Destes: dos brutos matadores de Inês.
[130] Seva mesa: cruel banquete.
[131] Por mão de Atreu: por obra de Atreu, em decorrência da trama arquitetada por Atreu.
[132] Como da seva mesa de Tiestes, / Quando os filhos por mão de Atreu comia: Tiestes cometeu adultério com Érope, mulher de Atreu, rei de Micenas. O monarca, para vingar-se do irmão, mandou matar-lhe dois filhos e serviu a carne deles no banquete. O Sol escondeu sua luz, envolvendo a terra em trevas, para que a cena não pudesse ser vista. Da mesma maneira, o poeta revela, nos quatro primeiros versos, o desejo de que o sol impeça a visão dos carrascos de Inês de Castro.
[133] Nos quatro versos finais, o poeta afirma que se pôde ouvir da boca de Inês, no momento da morte, o nome de D. Pedro. Por muito tempo sua voz ressoou no lugar.
[134] Bonina: bela-margarida.
[135] Cândida: pura, inocente.
[136] Mãos lascivas: mãos travessas, brincalhonas, irrequietas.
[137] A morte precoce de Inês de Castro é comparada com a margarida cortada antes do tempo pelas mãos travessas de uma menina que a leva à capela, onde a flor chega murcha e sem perfume.
[138] Tal está, morta, a pálida donzela, / Secas do rosto as rosas, e perdida / A branca e viva cor, co'a doce vida: a aparência de Inês, já morta, iguala-se à da flor, cortada antes do tempo.
[139] As filhas do Mondego: as jovens de Coimbra, contemporâneas de Inês de Castro.
[140] Memoraram: lembraram, levaram na memória.
[141] E, por memória eterna, em fonte pura / As lágrimas choradas transformaram: para que o caso de Inês não fosse esquecido, as jovens do Mondego deram o nome dela a uma fonte do local.
[142] O nome lhe puseram, que inda dura, / Dos amores de Inês: a Fonte dos Amores de Inês ainda hoje existe no Mondego.
[143] Vede que fresca fonte rega as flores / Que lágrimas são a água e o nome Amores: o narrador chama a atenção para as suaves qualidades da água daquela fonte, que recebeu o nome de Amores e foi formada a partir das lágrimas das jovens do Mondego.

136
>   Não correu muito tempo que a vingança
>   Não visse Pedro das mortais feridas, [144]
>   Que, em tomando do reino a governança,
>   A tomou dos fugidos homicidas. [145]
>   Do outro Pedro cruíssimo [146] os alcança,
>   Que ambos, imigos [147] das humanas vidas,
>   O concerto fizeram, duro e injusto, [148]
>   Que com Lépido e Antônio fez Augusto. [149]

137
>   Este castigador [150] foi rigoroso
>   De latrocínios [151], mortes e adultérios;
>   Fazer nos maus cruezas, fero e iroso,
>   Eram os seus mais certos refrigérios. [152]
>   As cidades guardando, justiçoso,
>   De todos os soberbos vitupérios, [153]
>   Mais ladrões, castigando, à morte deu [154],
>   Que o vagabundo Alcides [155] ou Teseu [156].

138
>   Do justo e duro Pedro nasce o brando
>   (Vede da natureza o desconcerto [157]),
>   Remisso e sem cuidado algum [158], Fernando [159],
>   Que todo o reino pôs em muito aperto; [160]
>   Que, vindo o Castelhano [161] devastando
>   As terras sem defesa, esteve perto
>   De destruir-se o reino totalmente, [162]
>   Que um fraco Rei faz fraca a forte gente. [163]

144 Não correu muito tempo que a vingança / Não visse Pedro das mortais feridas: não demorou muito para que D. Pedro I, de Portugal, pudesse vingar-se da morte de Inês.
145 A tomou dos fugidos homicidas: (D. Pedro) realizou a vingança contra os assassinos de Inês, que haviam fugido.
146 Do outro Pedro cruíssimo : o "outro" Pedro é D. Pedro I, de Castela, apelidado O Cruel.
147 Imigos: inimigos.
148 Que ambos, imigos das humanas vidas, / O concerto fizeram, duro e injusto: os dois reis firmaram um acordo mútuo pelo qual D. Pedro I, de Portugal, recuperou dois dos executores de Inês de Castro, que eram súditos do rei de Castela. O terceiro conseguiu fugir.
149 Que com Lépido e Antônio fez Augusto: o pacto entre os reis de Portugal e de Castela é comparado àquele estabelecido entre os romanos Otávio Augusto, Lépido e Antônio, em 43 a.C. Segundo esse acordo, cada um dos três apresentava uma lista de pessoas que deveriam ser executadas por razões políticas. Dessa forma, cada um deles entregou os próprios amigos à morte.
150 Este castigador: D. Pedro I, de Portugal.
151 Latrocínio: assassinato.
152 Fazer nos maus cruezas, fero e iroso / Eram os seus mais certos refrigérios: consolava o rei agir com crueldade contra os homens maus.
153 As cidades guardando, justiçoso / De todos os soberbos vitupérios: em relação às suas obrigações, o rei era zeloso e justo, protegendo o reino contra qualquer ataque.
154 Mais ladrões, castigando, à morte deu: D. Pedro mandou matar muitos ladrões.
155 Vagabundo Alcides: viajante Hércules. O herói teve que viajar muito para cumprir seus doze trabalhos.
156 Teseu: rei de Atenas. Teseu conseguiu dois grandes feitos: matou todos os ladrões que infestavam as estradas atenienses e derrotou o Minotauro, do Labirinto de Creta.
157 (Vede da natureza o desconcerto): a palavra desconcerto é comum na lírica camoniana e expressa o tema da desarmonia do mundo. Neste verso, o poeta lamenta que a natureza tenha dado a um rei firme e justo um príncipe herdeiro descuidado e fraco.
158 Remisso e sem cuidado algum: desleixado.
159 D. Fernando: príncipe herdeiro do trono de Portugal, filho de D. Pedro, criticado por Camões e pela maior parte dos historiadores do país.
160 Nos quatro primeiros versos, Vasco da Gama refere-se a D. Fernando, primeiro na sucessão do trono de Portugal. Sua péssima atuação pôs em perigo a soberania portuguesa.
161 Castelhano é João de Castela, casado com D. Beatriz, filha de D. Fernando que, ao permitir a realização desse casamento, entregou a sucessão do trono ao país vizinho.
162 Esteve perto / De destruir-se o reino totalmente: pela má administração de D. Fernando, Portugal esteve prestes a ser tomado pela coroa de Castela, o que foi evitado por uma revolução popular que levou ao poder D. João, Mestre de Avis, em 1385.
163 Que um fraco rei faz fraca a forte gente: sintetiza-se a crítica ao caráter de D. Fernando neste verso – um rei fraco (como D. Fernando) pode fragilizar até mesmo um reino tão forte quanto Portugal. O forte povo português torna-se fraco pela ação do fraco rei. Observe a antítese fraca/forte.

139
    Ou foi castigo claro do pecado
    De tirar Lianor [164] a seu marido
    E casar-se com ela, de enlevado
    Num falso parecer mal entendido; [165]
    Ou foi que o coração, sujeito e dado
    Ao vício vil [166], de quem se viu rendido
    Mole se fez e fraco [167]; e bem parece
    Que um baixo amor os fortes enfraquece. [168]

164 Lianor: D. Leonor Teles foi mulher de D. Fernando, depois que ele mandou anular o casamento dela com João Lourenço da Cunha. O país se escandalizou com a atitude do monarca, pois subiu ao trono uma mulher de vida irregular. Quando D. Fernando morreu, D. Leonor escreveu a seu genro, rei de Castela, para que ele invadisse Portugal.

165 De enlevado / Num falso parecer mal entendido: o rei estava encantado pela falsa beleza de D. Leonor.

166 Vil: desprezível, indigno.

167 Ou foi que o coração, sujeito e dado / Ao vício vil, de quem se viu rendido / Mole se fez e fraco: ao deixar-se conquistar por D. Leonor, os sentimentos de D. Fernando amoleceram e enfraqueceram seu coração, já dado a costumes desprezíveis.

168 Um baixo amor os fortes enfraquece: mesmo os fortes podem se tornar fracos, se envolvidos em um amor indigno. Observe a oposição forte/fraco, empregada da mesma maneira no verso "Que um fraco rei, faz fraca a forte gente".

Canto Quarto

Narração
Episódio do Velho do Restelo

Vasco da Gama prossegue o relato ao rei de Melinde, narrando a História de Portugal. Antes de morrer, o rei D. Fernando permitira o casamento de sua filha, Beatriz, com um nobre castelhano, o que naturalmente ameaçaria a independência de Portugal: quando D. Fernando morre, como não deixara herdeiro varão, Beatriz, esposa do rei de Castela, torna-se a regente. O povo, movido pelo temor da perda da soberania nacional, rebela, não aceita o governo de Beatriz e apoia D. João, conhecido como Mestre de Avis, filho bastardo de D. Pedro I. Trata-se da Revolução de Avis, que leva D. João ao trono em 1385, estabelecendo a segunda dinastia de Portugal.

Com a dinastia de Avis no poder, há um gradativo fortalecimento da monarquia portuguesa até atingir o Absolutismo, no reinado de D. João II (1481-1495). Esse monarca cumpre um papel fundamental no desenvolvimento do país: impulsiona a expansão marítima e faz de Lisboa uma das cidades mais importantes da Europa.

Nesse ponto, Vasco da Gama chega ao relato de sua própria viagem. O comandante narra que D. Manuel, sucessor de D. João II, teria sido avisado, por meio de um sonho profético, de que Portugal conquistaria muitas terras além-mar, motivo pelo qual enviou ao Oriente as naus portuguesas.

O comandante prossegue a narração revivendo o momento em que, cercados da emoção da despedida, os desbravadores portugueses partem rumo à Índia. Em meio ao choro e às palavras de amigos e familiares, escuta-se a voz de um respeitável velho que, dirigindo-se aos navegadores, profetiza terríveis dificuldades para os viajantes e critica, do ponto de vista moral, as razões que movem a viagem: segundo ele, o reino está cegamente envolvido pelo desejo de conquistar riquezas e alcançar a fama.

A inclusão de uma análise crítica do tema a ser tratado — no caso, as navegações portuguesas — é uma novidade em termos de poesia épica. Nos moldes clássicos, a epopéia só comportava louvores, jamais críticas, aos heróis e às suas façanhas.

Episódio do Velho de Restelo

88
    A gente da cidade, aquele dia,
    (Uns por amigos, outros por parentes,
    Outros por ver somente) concorria,
    Saudosos na vista e descontentes. [169]
    E nós, co'a virtuosa companhia
    De mil religiosos diligentes [170],
    Em procissão solene, a Deus orando,
    Para os batéis [171] viemos caminhando.

89
    Em tão longo caminho e duvidoso
    Por perdidos as gentes nos julgavam [172],
    As mulheres co'um choro piedoso,
    Os homens com suspiros que arrancavam.
    Mães, esposas, irmãs, que o temeroso
    Amor mais desconfia [173], acrescentavam [174]
    A desesperação e frio medo
    De já nos não tornar a ver tão cedo [175].

90
    Qual vai dizendo [176]: — Ó filho, a quem eu tinha
    Só para refrigério [177] e doce amparo
    Desta cansada já velhice minha,
    Que em choro acabará, penoso e amaro [178],
    Por que me deixas, mísera e mesquinha?
    Por que de mim te vás, ó filho caro,
    A fazer o funério enterramento [179]
    Onde sejas de peixes mantimento? [180]

169 A gente da cidade, aquele dia / (Uns por amigos, outros por parentes, / Outros por ver somente) concorria, / Saudosos na vista e descontentes: parentes, amigos ou simples curiosos comparecem à partida das naus portuguesas e demonstram já saudades e tristeza.
170 Diligentes: zelosos.
171 Batéis: embarcações, naus.
172 Em tão longo caminho e duvidoso / Por perdidos as gentes nos julgavam: as pessoas acreditavam que os navegantes se perderiam em tão longa e incerta viagem.
173 Mães, esposas, irmãs, que o temeroso / Amor mais desconfia: o amor de mães, esposas e irmãs as torna mais temerosas (em relação à viagem).
174 Acrescentavam: manifestavam, expressavam.
175 Nas próximas estrofes, o poeta dará voz a duas personagens - uma mãe e uma esposa - para tornar mais evidente as queixas e lamentos do momento da despedida. Essas personagens representam o conjunto daqueles que vêem partir na expedição seus entes queridos.
76 Qual vai dizendo: uma (mulher) diz.
77 Refrigério: consolação, alívio, alento.
78 Amaro: amargo.
79 Funério enterramento: funeral.
80 Onde sejas de peixes mantimento: a mãe teme que o filho morra durante a viagem e o corpo seja entregue às águas do mar.

91
>
> Qual em cabelo [181]? — Ó doce e amado esposo,
> Sem quem não quis Amor que viver possa [182],
> Por que is [183] aventurar ao mar iroso
> Essa vida que é minha e não vossa?
> Como, por um caminho duvidoso,
> Vos esquece a afeição tão doce nossa?
> Nosso amor, nosso vão [184] contentamento,
> Quereis que com as velas leve o vento? [185]

92

Nestas e outras palavras que diziam
De amor e de piedosa humanidade,
Os velhos e os meninos as [186] seguiam,
Em quem menos esforço põe a idade [187].
Os montes de mais perto respondiam,
Quase movidos de alta piedade; [188]
A branca areia as lágrimas banhavam,
Que em multidão com elas se igualavam. [189]

93

Nós outros [190], sem a vista alevantarmos
Nem a mãe, nem a esposa, neste estado,
Por [191] nos não magoarmos, ou mudarmos
Do propósito firme começado,
Determinei de assim nos embarcarmos,
Sem o despedimento costumado,
Que, posto que é de amor usança boa [192],
A quem se aparta, ou fica, mais magoa. [193]

181 Qual em cabelo: uma (esposa) com a cabeça descoberta.
182 Ó doce e amado esposo, / Sem quem não quis Amor que viver possa: o Amor não permite que a esposa possa viver sem seu doce e amado esposo.
183 Is: ides (verbo ir).
184 Vão: ilusório, enganador, frustrado.
185 Nosso amor, nosso vão contentamento, / Quereis que com as velas leve o vento?: a esposa pergunta se o marido quer que o amor se disperse com a viagem.
186 O pronome "as" refere-se à mãe e à esposa que anteriormente se manifestaram. As crianças e os velhos acompanhavam as queixas das mulheres.
187 Em quem menos esforço põe a idade: as crianças e os velhos, em função da idade, desesperam-se menos.
188 Os montes de mais perto respondiam, / Quase movidos de alta piedade: a natureza, a paisagem, reflete as emoções da despedida.
189 A branca areia as lágrimas banhavam, / Que em multidão com elas se igualavam: a quantidade de lágrimas correspondia à quantidade de grãos de areia. O tom exagerado da expressão caracteriza uma hipérbole.
190 Nós outros: os navegantes que estavam para partir.
191 Por: para.
192 Posto que é de amor usança boa: ainda que (a despedida) seja um hábito desejável entre aqueles que se amam.
193 Essa estrofe mostra Vasco da Gama ordenando que todos embarcassem sem despedidas que comovessem exageradamente. O capitão tentou evitar que os lamentos de mães e esposas pudessem levar os navegantes a desistirem da viagem.

94
>
> Mas um velho [194], de aspeito venerando [195],
> Que ficava nas praias, entre a gente,
> Postos em nós os olhos, meneando [196]
> Três vezes a cabeça, descontente,
> A voz pesada um pouco alevantando,
> Que nós no mar ouvimos claramente,
> Co'um saber só de experiências feito,
> Tais palavras tirou do experto peito: [197]

95
> - Ó glória de mandar, ó vã cobiça
> desta vaidade, a quem chamamos fama!
> Ó fraudulento gosto, que se atiça
> Co'uma aura popular, que honra se chama! [198]
> Que castigo tamanho e que justiça
> Fazes no peito vão que muito te ama!
> Que mortes, que perigos, que tormentas,
> Que crueldades neles experimentas! [199]

96
> Dura inquietação da alma e da vida,
> Fonte de desamparos e adultérios,
> Sagaz consumidora conhecida
> De fazendas [200], de reinos e de impérios: [201]
> Chamam-te ilustre, chamam-te subida [202],
> Sendo digna de infames vitupérios [203];
> Chamam-te fama e glória soberana,
> Nomes com quem se o povo néscio [204] engana. [205]

194 A partir desta estrofe, apresenta-se o personagem central do episódio e suas críticas às navegações portuguesas.
195 Aspeito venerando: aspecto respeitável.
196 Meneando: balançando negativamente a cabeça.
197 Experto peito: metáfora que traduz a idéia de um conhecimento empírico, ou seja, baseado nas experiências de vida. O Velho, segundo o poeta, manifesta suficiente sabedoria, o que lhe confere autoridade para criticar, nas estrofes seguintes, a ambição portuguesa de desbravar os mares.
198 Nos primeiros quatro versos da estrofe, o Velho apenas se refere, por meio de exclamações, à glória, à fama, à vaidade, que seriam os motivos das expedições marítimas. Essa invocação de seres reais ou fictícios, por meio de exclamações, chama-se Apóstrofe.
199 A fala do Velho personifica os elementos antes enunciados (glória, cobiça, honra, fama), indicando que eles são causa de muitos sofrimentos.
200 De fazendas: bens, riquezas.
201 No início desta estrofe indicam-se os males que o desejo de glória provoca.
202 Subida: valorosa, nobre.
203 Infames vitupérios: insultos indignos.
204 Néscio: ignorante, insensato.
205 Contrapondo-se à opinião geralmente aceita, o Velho afirma que a fama, a glória não mereceriam ser louvadas.

97
  A que novos desastres determinas
  De levar estes reinos e esta gente? [206]
  Que perigos, que mortes lhe destinas,
  Debaixo dalgum nome preminente [207]?
  Que promessas de reinos e de minas
  De ouro, que lhe farás tão facilmente?
  Que famas lhe prometerás? Que histórias?
  Que triunfos? Que palmas? Que vitórias?

98
  Mas, ó tu [208], geração daquele insano [209]
  Cujo pecado e desobediência
  Não somente do reino soberano
  Te pôs neste desterro e triste ausência,
  Mas inda doutro estado, mais que humano,
  Da quieta e da simples inocência,
  Idade de ouro, tanto te privou,
  Que na de ferro e de armas te deitou: [210]

99
  Já que nesta gostosa vaidade
  Tanto enlevas a leve fantasia, [211]
  Já que à bruta crueza e feridade [212]
  Puseste nome: esforço e valentia; [213]
  Já que prezas em tanta quantidade
  O desprezo da vida, que devia
  De ser sempre estimada, pois que já
  Temeu tanto perdê-la Quem [214] a dá:

206 A que novos desastres determinas / De levar estes reinos e esta gente?: o Velho indaga quais são os novos sofrimentos que a glória deseja impor a Portugal e aos portugueses.
207 Preminente: proeminente, importante, glorioso.
208 Ó tu: o Velho dirige-se, a partir deste momento, à humanidade.
209 Insano: insensato. Referência a Adão, por culpa de quem a humanidade foi expulsa do Paraíso, perdendo o direito de viver feliz na inocência num tempo conhecido como Idade de Ouro.
210 Tendo sido privada da Idade de Ouro, a humanidade foi castigada: experimenta uma gradativa decadência marcada por três etapas (Idade de Prata, de Bronze e de Ferro). A Idade de Ferro seria marcada por guerras e calamidades.
211 Já que nesta gostosa vaidade / Tanto enlevas a leve fantasia: o Velho observa que a humanidade alimenta a fantasia na busca de satisfazer sua vaidade.
212 Feridade: ferocidade.
213 Já que à bruta crueza e feridade / puseste nome: esforço e valentia: a humanidade chama de esforço e valentia o que não passa de crueldade e violência.
214 Quem: referência a Cristo que, sendo Deus, concede a vida, mas, sendo homem, temeu perdê-la no momento da crucificação. O Velho condena o pouco valor que se dá à vida ao arriscá-la nas navegações.

100
　　Não tens ²¹⁵ junto contigo o ismaelita ²¹⁶,
　　Com quem sempre terás guerra sobejas ²¹⁷?
　　Não segue ele do arábio a lei maldita, ²¹⁸
　　Se tu pela de Cristo só pelejas?
　　Não tem cidades mil, terra infinita,
　　Se terras e riqueza mais desejas?
　　Não é ele por armas esforçado ²¹⁹,
　　Se queres por vitórias ser louvado? ²²⁰

101
　　Deixas criar às portas o inimigo,
　　Por ires buscar outro de tão longe,
　　Por quem se despovoe o reino antigo,
　　Se enfraqueça e se vá deitando a longe ²²¹;
　　Buscas o incerto e incógnito ²²² perigo
　　Por que ²²³ a fama te exalte e te lisonje
　　Chamando-te senhor, com larga cópia ²²⁴,
　　da Índia, Pérsia, Arábia e de Etiópia. ²²⁵

102
　　Oh! Maldito o primeiro que, no mundo,
　　Nas ondas vela pôs em seco lenho! ²²⁶
　　Digno da eterna pena do profundo ²²⁷,
　　Se é justa a justa lei que sigo e tenho!
　　Nunca juízo algum, alto e profundo,
　　Nem cítara ²²⁸ sonora ou vivo engenho,
　　Te dê por isso fama nem memória, ²²⁹
　　Mas contigo se acabe o nome e glória!

215 O Velho refere-se, a partir deste trecho, especificamente ao povo português.
216 Ismaelita: os mouros, os árabes.
217 Guerras sobejas: inúmeras guerras.
218 Não segue ele do arábio a lei maldita: os árabes seguem o islamismo, que, do ponto de vista cristão, equivale a uma lei maldita.
219 Por armas esforçado: valente nas batalhas.
220 O Velho condena o fato de os portugueses saírem em busca de novas e longínquas conquistas, enquanto teriam várias razões para lutar contra os vizinhos árabes: defenderiam a fé cristã e poderiam ser louvados por vitórias contra um inimigo suficientemente corajoso.
221 Deitando a longe: deixando perder.
222 Incógnito: desconhecido.
223 Buscas o incerto e incógnito perigo / Por que a fama te exalte e te lisonje: o povo português pretende superar perigos desconhecidos para se tornar famoso.
224 Com larga cópia: em abundância.
225 O povo português teria a pretensão de dominar um grande império.
226 Oh! Maldito o primeiro que, no mundo, / Nas ondas vela pôs em seco lenho: o Velho amaldiçoa o primeiro ser humano que criou as embarcações capazes de cruzar os mares. Observe-se o emprego da antítese em "ondas"/"seco".
227 Profundo: inferno.
228 Citara: instrumento musical.
229 A maldição do Velho inclui o desejo de que nenhum músico ou poeta imortalize, por meio de sua arte, a conquista dos mares pelos homens.

103
Trouxe o filho de Jápeto [230] do céu
O fogo que ajuntou ao peito humano,
Fogo que o mundo em armas acendeu,
Em mortes, em desonras (grande engano!)
Quanto melhor nos fora, Prometeu,
E quanto para o mundo menos dano,
Que a tua estátua ilustre [231] não tivera
Fogo de altos desejos que a movera! [232]

104
Não cometera o moço miserando [233]
O carro alto do pai, nem o ar vazio
O grande arquitector co'o filho [234], dando,
Um, nome ao mar, e, o outro, fama ao rio. [235]
Nenhum cometimento [236] alto e nefando [237]
Por fogo, ferro, água, calma [238] e frio,
Deixa intentado a humana geração. [239]
Mísera sorte! Estranha condição!

230 Filho de Jápeto: Prometeu. Roubou o fogo do Olimpo e com ele deu vida ao homem, a quem tinha moldado a partir do barro. O fogo simboliza o conhecimento que possibilitou tanto o progresso quanto os infortúnios da humanidade.
231 Estátua ilustre: o homem, criado por Prometeu.
232 O Velho sugere que o conhecimento representado pelo fogo, sendo usado para fins bélicos, tornou-se um instrumento da ambição humana. Por isso, teria sido melhor que Prometeu não tivesse dado o fogo aos homens.
233 Moço miserando: Faetonte. Personagem da mitologia grega, filho do Sol. Desprezando os conselhos do pai, Faetonte causou um acidente ao conduzir imprudentemente o carro do Sol. Caiu dos céus como uma bola de fogo, sendo acolhido pelas Ninfas do rio Eridano.
234 O grande arquitector co'o filho: Dédalo e seu filho Ícaro. Para livrarem-se do labirinto de Creta, criaram asas de cera. Ícaro, entusiasmado, desconsiderou os alertas de Dédalo e tentou subir o mais alto que pôde. Conseqüentemente, o sol derreteu suas asas e o jovem despencou no mar.
235 Os quatro primeiros versos fazem referência a personagens mitológicos que, de modo inconseqüente, se arriscaram em aventuras desastrosas.
236 Cometimento: risco, aventura.
237 Alto e nefando: grandioso e abominável.
238 Calma: calor.
239 Nenhum cometimento alto e nefando / Por fogo, ferro, água, calma e frio, / Deixa intentado a humana geração: a humanidade jamais resiste a uma aventura arriscada.

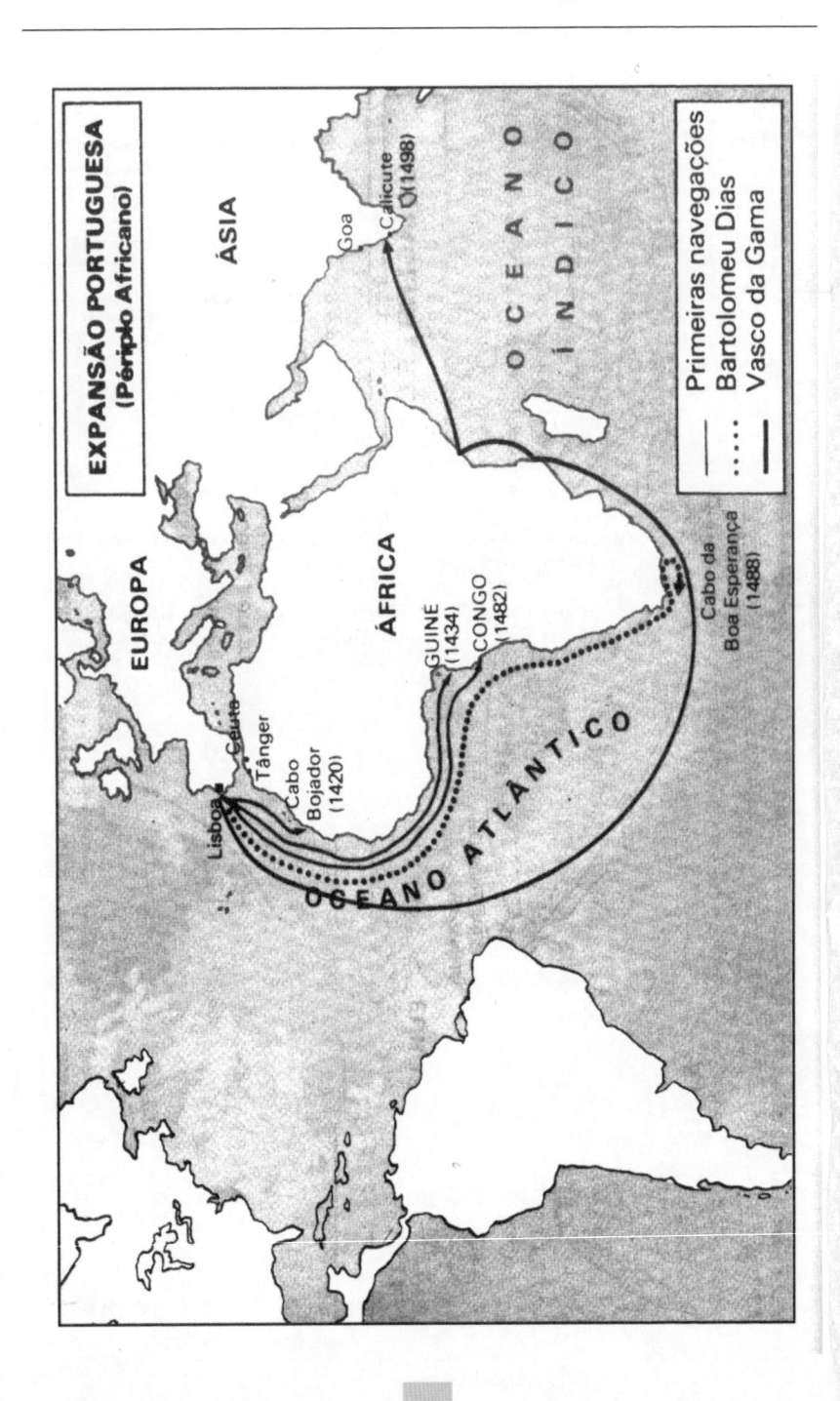

EXPANSÃO PORTUGUESA
(Périplo Africano)

- Primeiras navegações
- Bartolomeu Dias
- Vasco da Gama

EUROPA — Lisboa, Ceuta, Tânger
ÁFRICA — Cabo Bojador (1420), GUINÉ (1434), CONGO (1482), Cabo da Boa Esperança (1488)
ÁSIA — Goa, Calicute (1498)
OCEANO ATLÂNTICO
OCEANO ÍNDICO

Canto Quinto

Narração
Episódio do Gigante Adamastor

O relato de Vasco da Gama, a partir da primeira estrofe do Canto Quinto, ressalta as dificuldades encontradas durante a viagem. Navegando pela costa oeste da África, as esquadras portuguesas enfrentam perigos desconhecidos e terríveis tempestades. O comandante descreve brevemente os locais por onde passam, conta como cruzam a linha do Equador, como escapam com vida da Tromba Marítima e como, depois de vários meses navegando, chegam ao turbulento Cabo das Tormentas [240], ao sul do continente africano. Ultrapassar esse ponto geográfico constituía grande desafio e a ameaça representada por essa experiência atemorizante é traduzida pela imagem de um gigante enraivecido, que afronta os navegantes portugueses: eis por que o episódio ganhou o nome de "Gigante Adamastor".

Assim como ocorre no episódio de Inês de Castro, neste trecho da narração de *Os Lusíadas* o tom épico mescla-se ao tom lírico: o Gigante revela seus lamentos amorosos, causa do castigo a que foi submetido. A inclusão da temática amorosa na narrativa épica é uma inovação de Camões, que nesse aspecto inova em relação à epopéia clássica.

---

[240] O Cabo da Tormentas foi assim chamado por Bartolomeu Dias, primeiro navegador a ultrapassar o sul da África. O nome - que indicava as dificuldades da travessia - foi em seguida alterado, por vontade do rei D. João II, para Cabo da Boa Esperança.

Episódio do Gigante Adamastor

37
    Porém, já cinco sóis eram passados [241]
    Que [242] dali [243] nos partíramos, cortando
    Os mares nunca de outros navegados [244],
    Prosperamente os ventos assoprando [245],
    Quando uma noite [246], estando descuidados [247]
    Na cortadora proa vigiando,
    Uma nuvem, que os ares escurece,
    Sobre nossas cabeças aparece.

38
    Tão temerosa vinha [248] e carregada,
    Que pôs nos corações um grande medo;
    Bramindo [249], o negro mar de longe brada [250],
    Como se desse em vão nalgum rochedo [251].
    - Ó potestade, disse [252], sublimada [253]:
    Que ameaço divino ou que segredo
    Este clima e este mar nos apresenta,
    Que mor cousa [254] parece que tormenta? [255]"

39
    Não acabava [256], quando uma figura
    Se nos mostra [257] no ar, robusta e válida [258],
    De disforme e grandíssima estatura [259];
    O rosto carregado, a barba esquálida [260],
    Os olhos encovados, e a postura
    Medonha e má e a cor terrena e pálida;
    Cheios de terra e crespos os cabelos [261],
    A boca negra, os dentes amarelos.

241 Porém, já cinco sóis eram passados: já havia passado cinco dias.
242 Que: desde que.
243 Dali: refere-se a um ponto da costa ocidental da África, onde haviam entrado em conflito com os nativos.
244 Cortando os mares nunca de outros navegados: percorrendo mares que nunca haviam sido navegados por outros desbravadores.
245 Prosperamente os ventos assoprando: os ventos estavam favoráveis à navegação.
246 Quando uma noite: o encontro com o gigante se prolonga por uma noite. O final do episódio ocorre quando nasce o dia.
247 Descuidados: despreocupados.
248 O sujeito de "vinha" é "a nuvem".
249 Bramindo: rugindo.
250 Brada: grita. Observe o emprego da personificação (prosopopéia) em relação à nuvem, que se comporta como um ser animado.
251 Como se desse em vão nalgum rochedo: como se batesse desgovernadamente em algum rochedo.
252 O sujeito de "disse" é Vasco da Gama.
253 Ó potestade (...) sublimada: ó divindade superior.
254 Mor cousa: coisa maior, mais grave.
255 Que ameaço divino ou que segredo / Este clima e este mar nos apresenta,/ Que mor cousa parece que tormenta?: Vasco da Gama, impressionado com a nuvem que sobre a esquadra se formou, pergunta que seria aquilo, que parecia mais que uma tempestade.
256 Não acabava: mal acabara de falar.
257 Uma figura se nos mostra no ar: um ser aparece no ar, mostrando-se para nós. A partir deste trecho, Vasco da Gama apresenta o Gigante Adamastor, que personifica o próprio Cabo das Tormentas.
258 Robusta e válida: forte e vigorosa.
259 De disforme e grandíssima estatura: o ser era excessivamente grande e deformado.
260 Barba esquálida: barba suja, mal composta.
261 O poeta insiste no detalhe da terra que dá a cor ao ser gigantesco e lhe suja os cabelos. Com isso, o gigante parece um elemento da própria natureza, como se fosse um rochedo.

40
>
> Tão grande era de membros, que bem posso
> Certificar-te que este era o segundo
> De Rodes estranhíssimo Colosso ²⁶²,
> Que um dos sete milagres foi do mundo ²⁶³.
> Co'um tom de voz nos fala, horrendo e grosso,
> Que pareceu sair do mar profundo.
> Arrepiam-se as carnes e o cabelo,
> A mim e a todos, só de ouvi-lo e vê-lo!

41
>
> E disse: — Ó gente ousada, mais que quantas
> No mundo cometerem grandes cousas ²⁶⁴,
> Tu ²⁶⁵, que por guerras cruas, tais e tantas,
> E por trabalhos vãos nunca repousas ²⁶⁶,
> Pois os vedados términos quebrantas
> E navegar meus longos mares ousas,
> Que eu tanto tempo há já que guardo e tenho, ²⁶⁷
> Nunca arados de estranho ou próprio lenho: ²⁶⁸

42
>
> Pois ²⁶⁹ vens ver os segredos escondidos ²⁷⁰
> Da natureza e do úmido elemento ²⁷¹,
> A nenhum grande humano concedidos
> De nobre ou de imortal merecimento, ²⁷²
> Ouve os danos de mim que apercebidos
> Estão a teu sobejo atrevimento, ²⁷³
> Por todo o largo mar e pela terra
> Que inda hás de sojugar ²⁷⁴ com dura guerra.

262 Bem posso / certificar-te que este era o segundo / De Rodes estranhíssimo Colosso: Vasco da Gama assume que o Gigante Adamastor era tão grande como o colosso de Rodes, enorme estátua de Apolo, o sol, colocada no fundo do porto de Rodes. Foi construída durante doze anos de 292 a 280 a.c. e media 32 metros de altura.
263 Um dos sete milagres do mundo: as sete maravilhas do mundo foram: O Colosso de Rodes, o túmulo do rei Mausolo, o templo de Diana de Éfeso, as pirâmides do Egito, os jardins suspensos da Babilônia, o farol de Alexandre, a estátua de Júpiter em Olímpias.
264 Cometeram grandes coisas: (os portugueses) fizeram grandes conquistas.
265 Tu: refere-se à "gente ousada", ou seja, aos portugueses.
266 Tu, que por guerras cruas, tais e tantas,/ E por trabalhos vãos nunca repousas: o gigante elogia a capacidade de os portugueses enfrentarem inúmeras e tão violentas guerras e de se dedicarem à realização de suas fantasias.
267 Pois os vedados términos quebrantas / E navegar meus longos mares ousas, / Que eu tanto tempo há já que guardo e tenho: o gigante afirma que os portugueses desbravam longínquos pontos do planeta, navegando os mares que ele, há tanto tempo, vigia e defende.
268 Nunca arados de estranho ou próprio lenho: (mares) nunca navegados por embarcações. Este último verso da estrofe apresenta duas figuras de linguagem: ocorre metáfora, já que o ato de navegar é associado à atividade agrícola ("arar"); ocorre também metonímia, pois a idéia de barco está representada pelo material de que são fabricados, isto é, lenho (madeira).
269 Pois: posto que, já que.
270 Segredos escondidos: trata-se de um pleonasmo, ou seja, repetição de uma mesma idéia, já que não existem segredos que não sejam escondidos.
271 Úmido elemento: o mar.
272 Nos quatro primeiros versos, o gigante afirma que os portugueses desejam desvendar os mistérios dos mares, que não foram conhecidos por nenhum homem, nem mesmo pelos mais valorosos.
273 Ouve os danos de mim que apercebidos / Estão a teu sobejo atrevimento: o gigante ameaça os navegadores, obrigando-os a escutar o relato dos castigos que ele preparou para punir o atrevimento exagerado dos desbravadores portugueses.
274 Inda hás de sojugar: ainda vão subjugar, dominar. O emprego do futuro indica que o gigante conhece as conquistas que os portugueses empreenderão. Em muitos trechos de Os Lusíadas (1572), ocorre a antecipação de acontecimentos posteriores à viagem de Vasco da Gama (1497).

43
Sabe que quantas naus ²⁷⁵ esta viagem
Que tu fazes, fizerem, de atrevidas,
Inimiga terão esta paragem,
Com ventos e tormentas desmedidas! ²⁷⁶
E da primeira armada ²⁷⁷, que passagem
Fizer por estas ondas insofridas ²⁷⁸,
Eu farei de improviso ²⁷⁹ tal castigo,
Que seja mor o dano que o perigo ²⁸⁰!

44
Aqui espero tomar, se não me engano,
De quem me descobriu suma vingança ²⁸¹.
E não se acabará só nisto o dano
De vossa pertinace confiança ²⁸²:
Antes, em vossas naus vereis, cada ano,
Se é verdade o que meu juízo alcança ²⁸³,
Naufrágios, perdições de toda sorte,
Que o menor mal de todos seja a morte!

45
E do primeiro ilustre ²⁸⁴, que a ventura ²⁸⁵
Com fama alta fizer tocar os céus ²⁸⁶,
Serei eterna e nova sepultura,
Por juízos incógnitos ²⁸⁷ de Deus. ²⁸⁸
Aqui porá da turca armada dura
Os soberbos e prósperos troféus ²⁸⁹;
Comigo de seus danos o ameaça
A destruída Quíloa com Mombaça ²⁹⁰.

275 Naus: embarcações, barcos.
276 O gigante começa, a partir desta estrofe, uma enumeração dos acidentes que ocorreram no Cabo das Tormentas, antes e depois da viagem de Vasco da Gama. O monstro Adamastor avisa que sempre foi e será um obstáculo a qualquer atrevida tentativa de passar por aquela área.
277 Primeira armada: a armada de Pedro Álvares Cabral. O gigante refere-se nestes quatro últimos versos ao episódio ocorrido com parte da esquadra de Cabral que, em 1500 (portanto, após a viagem de Vasco da Gama), perdeu diversas naus ao cruzar o cabo das Tormentas.
278 Insofridas: intocadas, nunca atravessadas por nenhuma embarcação.
279 De improviso: inesperadamente, surpreendentemente.
280 Que seja mor o dano que o perigo: o medo que os navegadores sentirem será pouco em relação aos prejuízos que sofrerão.
281 Aqui espero tomar, se não me engano,/ De quem me descobriu suma vingança: o gigante antecipa o fim trágico que sofrerá Bartolomeu Dias que, tendo atravessado o Cabo em 1487, lá voltou e morreu em 1500, quando, juntamente com Cabral, dirigia-se à Índia. Essa seria a suprema vingança do Gigante Adamastor.
282 Pertinace confiança: invencível obstinação. A expressão refere-se à insistência dos navegadores em desbravar os mares.
283 Se é verdade o que meu juízo alcança: se são corretas as minhas previsões.
284 Primeiro ilustre: primeiro nobre que conheceu um final trágico no Cabo das Tormentas. Trata-se de Dom Francisco de Almeida, vice-rei da Índia, que sofreu um ataque de nativos na região do Cabo, sendo enterrado na areia da praia.
285 Ventura: destino, sorte.
286 Com fama alta fizer tocar os céus: (o destino) provocará a morte que se tornará famosa. A expressão "tocar os céus" constitui um eufemismo para "morte".
287 Juízos incógnitos: vontades misteriosas.
288 A frase apresentada nos quatro primeiros versos desta estrofe está estruturada em ordem indireta, caracterizando a figura de linguagem conhecida por hipérbato. Na ordem direta, a frase poderia ser escrita da seguinte maneira: E serei eterna e nova sepultura do primeiro ilustre, que a ventura com fama alta fizer tocar os céus por juízos incógnitos de Deus.
289 Aqui porá da turca armada dura / os soberbos e prósperos troféus: aqui (Dom Francisco) perderá (por causa da morte) os troféus obtidos na vitória contra a armada turca. "Troféus" refere-se à vitória de Dom Francisco de Almeida, na batalha contra o sultão do Egito, em 1509.
290 Comigo de seus danos o ameaça / A destruída Quíloa com Mombaça: o vice-rei guerreou contra Quíloa e Mombaça (cidades da costa oriental da África), em 1505. O gigante sugere que, ao se vingar dos portugueses, conta com a ajuda das cidades dominadas ou destruídas pelos portugueses.

46
Outro também virá ²⁹¹, de honrada fama,
Liberal, cavaleiro, enamorado,
E consigo trará a fermosa dama ²⁹²
Que Amor ²⁹³ por grão mercê ²⁹⁴ lhe terá dado.
Triste ventura e negro fado ²⁹⁵ os chama ²⁹⁶
Neste terreno meu ²⁹⁷, que, duro e irado,
Os deixará dum cru naufrágio ²⁹⁸ vivos,
Para verem trabalhos excessivos ²⁹⁹.

47
Verão morrer ³⁰⁰ com fome os filhos caros,
Em tanto amor gerados e nascidos;
Verão os cafres ³⁰¹, ásperos e avaros ³⁰²,
Tirar à linda dama seus vestidos ³⁰³;
Os cristalinos membros e preclaros ³⁰⁴
À calma, ao frio, ao ar, verão despidos, ³⁰⁵
Depois de ter pisada, longamente,
Co'os ³⁰⁶ delicados pés a areia ardente.

48
E verão mais os olhos que escaparem ³⁰⁷
De tanto mal, de tanta desventura,
Os dois amantes míseros ficarem
Na férvida, implacábil espessura ³⁰⁸.
Ali, depois que as pedras abrandarem
Com lágrimas de dor, de mágoa pura,
Abraçados, as almas soltarão
Da fermosa e misérrima prisão ³⁰⁹. ³¹⁰

291 Outro também virá: a expressão refere-se a Manuel de Sousa de Sepúlveda, casado com Dona Leonor. De volta a Portugal, em 1552, naufragou na região do Cabo das Tormentas. Dona Leonor e os filhos morreram de fome e Manuel de Sepúlveda, tendo enlouquecido, desapareceu nas selvas.

292 Fermosa dama: formosa esposa. Vale observar que o vocabulário que caracteriza Manuel Sepúlveda e D. Leonor lembra a linguagem da literatura medieval de cavalaria: o herói é honrado, cavaleiro, enamorado; sua "dama", verdadeira dádiva, é bela.

293 Amor: grafado com maiúscula, refere-se a Cupido (Eros), divindade mitológica inspiradora da atração amorosa.

294 Por grão mercê: por grande favor, para sua sorte.

295 Triste ventura e negro fado: triste sorte e amaldiçoado destino. As duas expressões são praticamente sinônimas, o que gera um efeito estilístico: a redundância com finalidade enfática.

296 Chama: o verbo está no singular apesar de o sujeito ser composto ("triste ventura e negro fado"). Essa concordância pode ocorrer porque as expressões que formam o sujeito são quase sinônimas. A esse tipo de concordância - que se justifica pela idéia e não pela expressão - se dá o nome de silepse.

297 Neste terreno meu: na região do Cabo das Tormentas.

298 Cru naufrágio: cruel naufrágio.

299 Verem trabalhos excessivos: conhecerem enormes sofrimentos. O gigante declara que Sepúlveda e a mulher escaparam da morte no naufrágio, mas experimentaram castigos ainda piores. As próximas duas estrofes apresentam o relato desses sofrimentos.

300 O sujeito de "verão morrer" é Sepúlveda e D. Leonor. O mesmo sujeito se mantém em relação às próximas duas ocorrências do verbo "verão".

301 O Cafres: povo que habitava o sul da África.

302 Ásperos e avaros: violentos e egoístas.

303 Tirar à linda dama seus vestidos: o poeta emprega um eufemismo para descrever o fato de os nativos violentarem D. Leonor.

304 Preclaros: muito brancos.

305 Os cristalinos membros e preclaros / À calma, ao frio, ao ar, verão despidos: (D. Leonor e Sepúlveda) verão o próprio corpo exposto ao calor, ao frio, ao relento. Observe-se mais um caso de hipérbato na construção da frase.

306 Co'os: com os.

307 E verão mais os olhos que escaparem: o sujeito de "verão" refere-se àqueles que sobreviverem a D. Leonor e a Sepúlveda.

308 Férvida, implacábil espessura: quente e cruel selva.

309 Fermosa e misérrima prisão: refere-se ao corpo, bela e miserável prisão, do qual o casal se libertaria depois da morte. Observe que ocorre antítese na expressão, já que um elemento positivo ("formosa") se opõe a um elemento negativo ("misérrima").

310 Ali, depois que as pedras abrandarem / Com lágrimas de dor, de mágoa pura,/ Abraçados, as almas soltarão / Da formosa e misérrima prisão: ali, depois que (Sepúlveda e D. Leonor) amolecerem com a água de seu choro as próprias pedras, os dois, abraçados, morrerão. Observe-se a hipérbole na idéia de as lágrimas de dor abrandarem (amolecerem) as pedras.

49
    Mais ia por diante ³¹¹ o monstro horrendo,
    Dizendo nossos fados ³¹², quando, alçado ³¹³,
    Lhe disse eu: — Quem és tu? Que esse estupendo
    Corpo, certo ³¹⁴ me tem maravilhado!
    A boca e os olhos negros retorcendo
    E dando um espantoso e grande brado ³¹⁵,
    Me respondeu, com voz pesada e amara ³¹⁶,
    Como quem da pergunta lhe pesara ³¹⁷:

50
    - Eu sou aquele oculto e grande cabo
    A quem chamais vós outros Tormentório ³¹⁸,
    Que nunca a Ptolomeu, Pompônio, Estrabo,
    Plínio e quantos passaram fui notório ³¹⁹.
    Aqui toda a africana costa acabo ³²⁰
    Neste meu nunca visto promontório ³²¹,
    Que para o pólo Antártico se estende,
    A quem vossa ousadia tanto ofende! ³²²

51
    Fui dos filhos aspérrimosn ³²³ da Terra,
    Qual ³²⁴ Encélado, Egeu e o Centimano; ³²⁵
    Chamei-me Adamastor, e fui na guerra
    Contra o que vibra os raios de Vulcano ³²⁶;
    Não que pusesse serra sobre serra,
    Mas, conquistando as ondas do oceano,
    Fui capitão do mar, por onde andava
    A armada de Netuno, que eu buscava. ³²⁷

311 Ia por diante: continuava sua fala.
312 Dizendo nossos fados: prevendo nosso futuro.
313 Alçado: levantado, erguido. Vasco da Gama mostra-se corajoso, destemido, arrojado, em pleno acordo com sua figura heróica.
314 Certo: certamente.
315 Brado: grito, urro.
316 Amara: amarga, rancorosa.
317 Como quem da pergunta lhe pesara: como se tivesse se aborrecido com a pergunta.
318 Cabo Tormentório: Cabo das Tormentas.
319 Que nunca a Ptolomeu, Pompônio, Estrabo,/ Plínio e quantos passaram fui notório: o gigante afirma que nenhum geógrafo da Antiguidade conhecia o Cabo das Tormentas.
320 Aqui toda a africana costa acabo: o Cabo das Tormentas marca, ao sul, o fim do continente africano.
321 Promontório: cabo formado de rochas elevadas.
322 A quem vossa ousadia tanto ofende: o gigante condena, mais uma vez, a ousadia de os portugueses atingirem aquele ponto geográfico.
323 Aspérrimo: muito combativo, violento.
324 Qual: como, da mesma forma que.
325 Fui dos filhos aspérrimos da Terra / Qual Encélado, Egeu e o Centimano: a partir desta estrofe o gigante conta suas origens. Apresenta-se como um gigante filho da Terra, que, como outros (Encélado, Egeu e o Centimano), se rebelara contra o deus Júpiter (Zeus). Todos esses gigantes teriam recebido castigos por sua insubordinação.
326 Fui na guerra / Contra o que vibra os raios de Vulcano: participei da guerra contra Júpiter (Zeus), aquele que controla os raios fabricados por Vulcano (Hefesto).
327 Não que pusesse serra sobre serra, / Mas, conquistando as ondas do Oceano,/ Fui capitão do mar, por onde andava / A armada de Netuno, que eu buscava: o gigante Adamastor afirma que, ao contrário de outros gigantes, não tentava alcançar o Olimpo, onde moravam os deuses. Buscava combater Netuno (Poseidon), deus dos oceanos, aliado de Júpiter.

52
Amores da alta esposa de Peleu
Me fizeram tomar tamanha empresa ³²⁸.
Todas as deusas desprezei do céu,
Só por amar das águas a Princesa ³²⁹.
Um dia a vi, co'as filhas de Nereu,
Sair nua na praia: e logo presa
A vontade senti de tal maneira,
Que inda não sinto cousa que mais queira. ³³⁰

53
Como fosse impossíbil alcançá-la,
Pela grandeza feia de meu gesto,
Determinei por armas de tomá-la
E a Dóris este caso manifesto. ³³¹
De medo a deusa então por mim lhe fala ³³²;
Mas ela, co'um fermoso riso honesto,
Respondeu: — Qual será o amor bastante
De ninfa ³³³, que sustente o dum gigante? ³³⁴

54
Contudo, por livrarmos o oceano
De tanta guerra ³³⁵, eu buscarei maneira
Com que, com minha honra, escuse o dano ³³⁶:
Tal resposta me torna a mensageira. ³³⁷
Eu, que cair não pude neste engano
(Que é grande dos amantes a cegueira),
Encheram-me, com grandes abondanças ³³⁸,
O peito de desejos e esperanças. ³³⁹

328	Amores da alta esposa de Peleu / Me fizeram tomar tamanha empresa: o gigante explica que combateu nos mares porque estava apaixonado por Tétis, esposa de Peleu. Ela era uma ninfa marinha, uma das inúmeras filhas de Nereu e Dóris, chamadas Nereidas. Tétis é mãe de Aquiles, herói da guerra de Tróia.
329	Todas as deusas desprezei do céu, / só por amar das águas a Princesa: desprezei todas as deusas, só porque amava a ninfa dos mares (Tétis).
330	E logo presa / A vontade senti de tal maneira, / Que inda não sinto cousa que mais queira: o gigante, ao observar Tétis sair do banho com suas irmãs, sentiu-se dominado pelo desejo incomparável de possuir a bela ninfa.
331	Como fosse impossibil alcançá-la,/ Pela grandeza feia de meu gesto / Determinei por armas de tomá-la / E a Dóris este caso manifesto: o gigante explica que, devido à sua aparência enorme e repugnante, seria impossível conquistar Tétis. Por isso intencionava raptá-la, plano que revelou a Dóris, mãe de Tétis.
332	De medo a deusa então por mim lhe fala: a deusa Dóris, com medo do ímpeto do gigante Adamastor, procura convencer a filha a ceder aos seus amores.
333	Ninfa: divindade mitológica feminina, protetora dos bosques, águas e montes.
334	Qual será o amor bastante / De ninfa, que sustente o dum gigante?: Tétis pergunta como pode o amor de uma simples ninfa satisfazer os desejos de um gigante.
335	Por livrarmos o oceano / De tanta guerra: para evitarmos a guerra nos mares.
336	Eu buscarei maneira / Com que, com minha honra, escuse o dano: eu tentarei evitar conflitos em troca da minha honra.
337	Tal resposta me torna a mensageira: Dóris conta ao gigante Adamastor a decisão de Tétis.
338	Abondanças: abundância, fartura, riqueza.
339	Eu, que cair não pude neste engano / (Que é grande dos amantes a cegueira),/ Encheram-me, com grandes abondanças, / O peito de desejos e esperanças: o gigante confessa que acreditou nas palavras enganosas de Tétis e Dóris, enchendo-se de esperanças, porque estava cegamente apaixonado.

55
>
> Já néscio [340], já da guerra desistindo,
> Uma noite, de Dóris prometida,
> Me aparece de longe o gesto lindo [341]
> Da branca Tétis, única, despida.
> Como doido corri de longe, abrindo
> Os braços para aquela que era vida
> Deste corpo [342], e começo os olhos belos
> A lhe beijar, as faces e os cabelos [343].

56
>
> Oh! Que não sei de nojo como o conte [344]:
> Que, crendo ter nos braços quem amava,
> Abraçado me achei co'um duro monte
> De áspero [345] mato e de espessura brava [346].
> Estando co'um penedo [347] fronte a fronte [348],
> Que eu pelo rosto angélico apertava, [349]
> Não fiquei homem, não; mas mudo e quedo [350]
> E, junto dum penedo, outro penedo!

57
>
> Ó ninfa, a mais formosa do oceano [351],
> Já que minha presença não te agrada,
> Que te custava ter-me neste engano,
> Ou fosse monte, nuvem, sonho ou nada? [352]
> Daqui me parto, irado e quase insano [353]
> Da mágoa e da desonra ali passada,
> A buscar outro mundo, onde não visse
> Quem de meu pranto [354] e de meu mal se risse.

340 Néscio: iludido, insensato.
341 Gesto lindo: belo semblante.
342 Aquela que era vida deste corpo: Tétis era a razão de existir do gigante Adamastor.
343 E começo os olhos belos a lhe beijar, as faces e os cabelos: hipérbato. Na ordem direta, a frase seria: e começo a beijar seus belos olhos, as faces e os cabelos.
344 Oh! Que não sei de nojo como o conte: o gigante declara que nem sabe como pode continuar seu relato, tamanho foi o sofrimento que experimentou. Adamastor vai narrar como foi enganado por Tétis.
345 Áspero mato: vegetação repulsiva, rija.
346 Espessura brava: floresta selvagem.
347 Penedo: rocha.
348 Fronte a fronte: face a face.
349 Que eu pelo rosto angélico apertava: o gigante pensava estar diante de Tétis, sua amada.
350 Não fiquei homem, não; mas mudo e quedo: o gigante não manifestou nenhuma reação violenta; ao contrário, permaneceu imóvel e quieto.
351 Ó ninfa, a mais formosa do oceano: o gigante dirige seu lamento a Tétis.
352 Que te custava ter-me neste engano,/ Ou fosse monte, nuvem, sonho ou nada?: o gigante gostaria de ter continuado acreditando que abraçava Tétis, mesmo que isso fosse mentira e que a imagem da amada não passasse de um monte, de uma nuvem, de uma simples ilusão.
353 Insano: sem o controle da razão, louco.
354 Pranto: choro, mágoa.

58
> Eram já neste tempo meus irmãos ³⁵⁵
> Vencidos e em miséria extrema postos,
> E, por mais segurar-se os deuses vãos,
> Alguns a vários montes sotopostos. ³⁵⁶
> E, como contra o céu não valem mãos ³⁵⁷,
> Eu, que chorando andava meus desgostos,
> Comecei a sentir do fado imigo ³⁵⁸,
> Por meus atrevimentos, o castigo. ³⁵⁹

59
> Converte-se-me a carne em terra dura;
> Em penedos os ossos se fizeram;
> Estes membros que vês, e esta figura,
> Por estas longas águas se estenderam.
> Enfim, minha grandíssima estatura
> Neste remoto cabo converteram
> Os deuses; e, por mais dobradas mágoas ³⁶⁰,
> Me anda Tétis cercando destas águas.³⁶¹

60
> Assim contava; e, co'um medonho choro,
> Súbito de ante os olhos se apartou ³⁶².
> Desfez-se a nuvem negra, e co'um sonoro
> Bramido muito longe o mar soou.
> Eu, levantando as mãos ao santo coro
> Dos anjos, que tão longe nos guiou ³⁶³,
> A Deus pedi que removesse os duros
> Casos, que Adamastor contou futuros ³⁶⁴.

355 Meus irmãos: os outros gigantes que lutavam contra Júpiter.
356 E, por mais segurar-se os deuses vãos, / Alguns a vários montes sotopostos: os deuses, para terem certeza de que os gigantes não voltariam a rebelar-se, decidiram soterrá-los debaixo de rochedos.
357 E, como contra o Céu não valem mãos: e como de nada vale implorar aos céus que a sorte seja mudada.
358 Fado imigo: má sorte, destino adverso.
359 Comecei a sentir do fado imigo, / Por meus atrevimentos, o castigo: comecei a sentir o castigo imposto pelo destino em razão de meu atrevimento (de ter desejado Tétis). Na próxima estrofe, o gigante relata qual foi sua punição.
360 Por mais dobradas mágoas: para maior tristeza.
361 Me anda Tétis cercando destas águas: o gigante lamenta o fato de estar em perpétuo desgosto; não pode esquecer sua amada, já que Tétis, representada pelo mar, rodeia o Cabo permanentemente.
362 Súbito de ante os olhos se apartou: repentinamente, o gigante desapareceu da vista dos navegadores.
363 Eu, levantando as mãos ao santo coro / Dos anjos, que tão longe nos guiou: Vasco da Gama recorre aos anjos que tinham permitido que a esquadra navegasse até tão longe. É interessante notar que as referências à religião pagã, aos seres mitológicos, harmonizam-se perfeitamente com a religiosidade cristã, como confirmam as duas últimas estrofes do episódio.
364 A Deus pedi que removesse os duros / Casos, que Adamastor contou futuros: Vasco da Gama implora a Deus que não permita que os castigos prometidos pelo gigante Adamastor se realizem. Observe-se, uma vez mais, que o gigante relatou acidentes que ocorreriam depois da viagem de Vasco da Gama, portanto, entre 1497 (data da viagem) e 1572 (data da publicação de *Os Lusíadas*).

61
    Já Flegon e Piróis vinham tirando,
    Co'os outros dois, o carro radiante [365],
    Quando a terra alta se nos foi mostrando
    Em que foi convertido o grão gigante [366].
    Ao longo desta costa, começando
    Já de cortar as ondas do levante,
    Por ela abaixo um pouco navegamos,[367]
    Onde segunda vez terra tomamos [368].

No final do Canto Quinto, Vasco da Gama conta ao rei melindano os perigos encontrados pelas esquadras portuguesas em Moçambique e Mombaça, episódio narrado nos dois primeiros cantos de *Os Lusíadas* [369].

965 Já Flegon e Piróis vinham tirando / Co'os outros dois, o carro radiante: o carro do sol era puxado, segundo a mitologia grega, por quatro cavalos (Flegon, Piróis, Eôo e Eton). A imagem mitológica indica que naquele momento o sol aparecia, isto é, amanhecia.

966 Grão gigante: o gigante Adamastor.

967 Ao longo desta costa, começando / Já de cortar as ondas do levante, / Por ela abaixo um pouco navegamos: os portugueses, uma vez atravessado o Cabo das Tormentas, começaram a navegar a região sul da costa oriental da África.

968 Onde segunda vez terra tomamos: a esquadra de Vasco da Gama aportou pela segunda vez no continente africano. O primeiro desembarque tinha ocorrido ainda na costa ocidental, onde foram atacados pelos nativos.

969 A repetição do relato de um mesmo episódio constitui, na verdade, dois modos distintos de narrar. Uma vez que a participação dos deuses é desconhecida por Vasco da Gama, seu relato no canto quinto se atém à realidade que observa e não aparecem, em sua narração, referências à intervenção dos deuses. Quando, no dois primeiros cantos, o narrador é o próprio poeta, o plano das ações humanas é complementado com o plano mítico, em que se focalizam as artimanhas dos deuses pagãos.

Canto Sexto

Narração

O narrador do Canto Sexto é novamente o poeta. Ressalta-se a admiração que o rei melindano sente por Portugal, após ter ouvido a longa narrativa de Vasco da Gama. Durante muitos dias há festa em homenagem aos navegantes. Na despedida, o rei louva os portugueses, com quem afirma querer manter relações cordiais, e as naus, abastecidas, seguem rumo às Índias, já na costa leste da África, desta vez conduzidas por um confiável piloto melindano.

Durante a viagem, para espantar o sono, os marinheiros portugueses escutam a história dos *Doze de Inglaterra*, sem pressentir que os deuses do Olimpo estão novamente interferindo na travessia. Baco, ao verificar que as esquadras de Vasco da Gama deixaram Melinde, desce ao palácio de Netuno, de quem consegue ajuda para incitar os deuses marinhos contra os navegantes portugueses, prestes a alcançar seu objetivo.

Éolo, rei dos ventos, solta-os para que destruam as esquadras portuguesas. Há uma tempestade assustadora, mas Vênus intervém, novamente auxiliada pelas Nereidas, e seduz os ventos, que se abrandam. Passada a tormenta, o comandante consegue aportar em Calicute, na Índia. O Canto Sexto termina com uma exaltação moral aos homens que bravamente buscam a fama e lutam para impor sua autoridade. Ao mesmo tempo, o poeta critica os nobres ociosos que se valem unicamente de sua linhagem para alcançar uma glória que o poeta considera imerecida.

Canto Sétimo

Narração

Exalta-se a chegada às Índias nas primeiras estâncias do Canto Sétimo. O comandante pede a um mensageiro que desça à terra firme para estabelecer contato com o rei de Calicute. Os resultados desta empresa são excelentes, pois o mensageiro conhece um mouro chamado Monçaide, que falava castelhano e se tornou, além de intérprete, protetor dos portugueses naquele reino.

O samorim (rei) de Calicute, ao saber da chegada daquele povo estranho ao reino, pede ao catual (governador) que ele estabeleça o contato com os portugueses. Assim foi feito e Vasco da Gama, acompanhado pelo catual, chega ao palácio do samorim, a quem oferece a amizade de Portugal, em nome do rei D. Manuel. Essa oferta, no entanto, não pode ser aceita pelo rei sem antes ouvir seus conselheiros. Por isso os portugueses ficam hospedados com o catual até que uma decisão seja tomada pelo samorim. Neste ínterim, o governador procura investigar os portugueses: conversa com o mouro Monçaide, que defende os portugueses e o aconselha a que visite as esquadras de Vasco da Gama. Ao chegar às embarcações, o governador é recebido pelo irmão do comandante, Paulo da Gama, a quem pede que lhe explique o significado de algumas figuras pintadas nas bandeiras das naus.

Canto Oitavo
Narração

Na primeira estância do Canto Oitavo, o narrador é Paulo da Gama, que explica os personagens da História de Portugal representados nas bandeiras dos navios. O relato, ordenado de forma cronológica, exalta Viriato, D. Afonso Henriques, Egas Moniz e D. Nuno Álvares.

Os adivinhos de Calicute profetizam que Vasco da Gama e sua tripulação trará enormes desgraças ao reino, razão pela qual sugerem ao samorim que não acolha os estrangeiros. Baco, que naturalmente não desistira de sua empresa, aparece em sonhos a um sacerdote muçulmano, advertindo-o de que os lusitanos seriam perigosos. Arma-se uma grande revolta contra Vasco da Gama, que procura se entender com o samorim, desejando estabelecer relações comerciais. Após acalorada discussão, o rei de Calicute ordena que o comandante volte à frota.

O governador, interessado nas mercadorias transportadas pela esquadra portuguesa, prende Vasco da Gama, que é libertado ao aceitar a proposta de entregar os tecidos europeus que pretendia comercializar. O Canto termina com as amargas reflexões do poeta sobre os malefícios causados pelo enorme poder que se atribuiu ao dinheiro.

Canto Nono
Narração

Ainda não está resolvida a saída de Calicute. As naus portuguesas correm o perigo de serem atacadas por uma frota muçulmana vinda de Meca. Monçaide informa Vasco da Gama do possível ataque, o que leva o comandante a decidir pela partida, não sem antes tentar recuperar dois mercadores portugueses encarregados de descer à terra com mercadorias. Como não consegue encontrar seus homens e tinha como reféns alguns mercadores da Índia que subiram a bordo para negociar, Vasco da Gama tenta fazer um acordo com o samorim: entregaria seus reféns em troca dos mercadores portugueses e de um carregamento de especiarias, como "a pimenta ardente", "a noz e o negro cravo" e "a canela".

A expedição completara-se, e os navegantes partem de volta a Portugal tendo realizado com êxito o objetivo a que se haviam proposto. Vênus reconhece a bravura e a força dos portugueses, merecedores de variadas recompensas, motivo pelo qual decide oferecer aos navegadores uma ilha paradisíaca, tanto pela exuberante paisagem, como particularmente pela presença das ninfas. Estas, ao serem atingidas no coração por frechadas de Cupido, filho de Vênus, esperavam seduzir os portugueses.

Os marinheiros surpreendem-se com aquele espetáculo e adentram pelos bosques atrás daquelas mulheres de quem, a princípio, apenas escutavam o riso. O encontro dos portugueses com as ninfas do mar é explicitamente erótico e dá nome a um dos mais famosos episódios de *Os Lusíadas*, conhecido como "A Ilha dos Amores". Até mesmo Tétis, amada do Gigante

Adamastor, é seduzida pelos encantos dos portugueses: ela, naturalmente, recebeu Vasco da Gama, representante maior do heroísmo dos navegantes, que permaneceu no palácio da Ninfa até a partida definitiva a Portugal.

Canto Décimo
Narração
Epílogo

O último canto de *Os Lusíadas* tem início com os preparativos de um banquete que Tétis oferece aos portugueses em seu palácio. Chegam as ninfas em companhia dos marinheiros, que são merecidamente recompensados pela conquista histórica que empreenderam. Durante o banquete, uma bela Ninfa profetiza, por meio de seu canto suave, um futuro glorioso para Portugal. A Vasco da Gama coube o privilégio de ver a chamada "Máquina do Mundo", uma miniatura do universo, acessível apenas aos deuses. Dessa forma, o poeta, simbolicamente, concede aos portugueses um dom divino: compreender o funcionamento do universo.

A viagem de volta ao reino marca o final da "Narração" de *Os Lusíadas*. Entre as condições climáticas da ida às Índias e da volta a Portugal, há uma evidente oposição: todos os perigos, tormentas e os sustos desaparecem, tudo isso para garantir que os navegantes sejam conduzidos a sua terra por ventos amenos, coroados de glórias e acompanhados da belas ninfas da Ilha dos Amores.

Epílogo

145
>No'mais Musa, no'mais, que a lira tenho
>Destemperada e a voz enrouquecida,
>E não do canto, mas de ver que venho
>Cantar a gente surda e endurecida,
>O favor com que mais se acende o engenho
>Não no dá a pátria, não, que está metida
>No gosto da cobiça e na rudeza
>Duma austera, apagada e· vil tristeza.

O "Epílogo" do poema revela o desencanto do poeta frente ao resultado das conquistas portuguesas. O otimismo predominante na "Proposição" de *Os Lusíadas* contrasta com o tom melancólico e desesperançado do "Epílogo". Criticam-se o gosto pela riqueza e pela glória e a ganância que move a expansão marítima, valores que dominam e cegam o país. Cansado, o poeta deixará de cantar, não porque queira desistir do canto, mas por considerar que se dirige "à gente surda e endurecida", que não lhe dará a devida atenção.

Nas onze estâncias que seguem, Camões comenta a pouca recompensa que se reserva àqueles que servem à pátria. Alerta o rei D. Sebastião para os excelentes vassalos que o cercam, todos eles merecedores de reconhecimento pelos serviços prestados. O poeta tece elogios a ele mesmo, afirmando que, embora pequeno, é competente, razão pela qual deve também ser reconhecido. Ainda dirigindo-se ao monarca, exorta-o a que seja um bom soberano e que ataque o Marrocos, terra de muçulmanos, prosseguindo a tradição guerreira da maioria de seus antecessores.

As estrofes finais de *Os Lusíadas* opõem-se, por um lado, à "Proposição", mas, por outro, as queixas do poeta aproximam-no das palavras do Velho do Restelo, único personagem da epopéia que questiona os motivos que levam Portugal à busca da hegemonia dos mares. No "Epílogo", a euforia dá lugar a um sentimento de incerteza em relação ao futuro do país, envolvido pelo gosto aventureiro das conquistas, que acarreta um acentuado abandono da pátria e de seus problemas internos. Desse modo, uma crise ameaça arrastar o império lusitano à decadência.

Notícias Biográficas

Em 1524 ou 1525 nasce de Luís Vaz de Camões, provavelmente em Lisboa. Filho de Simão Vaz de Camões, um cavaleiro real, e de D. Ana de Sá, Camões, apesar da origem nobre, vive modestamente com sua família até que, ajudado por um tio sacerdote, parte para estudar em Coimbra. Nesse período, lê autores clássicos e tem a chance de uma formação erudita.

Com cerca de vinte anos, volta a Lisboa, onde convive com a nobreza palaciana. Com fama de baderneiro incontível e aventureiro amoroso, Camões envolve-se em diversos incidentes, sofrendo ataques de alguns críticos e inimigos. Talvez por isso tenha sido obrigado pelo rei D. João III a ir para Ceuta, na África, a fim de combater em guerra contra os mouros.

De volta a Portugal, Camões fere um empregado do Paço é preso e em 1553 é degredado para a Índia. No exílio em Goa, sofreu dificuldades financeiras e em 1557 parte para Macau, na China. Nessa época, provavelmente já teria começado a escrever *Os Lusíadas*. Ao voltar para Goa, sofre um naufrágio. Segundo o que se costuma contar, nesse acidente teria salvado os manuscritos de sua epopéia, mas perdeu a amada Dinamene, que se teria afogado.

Em 1569, retorna a Portugal. Empobrecido e desprestigiado, consegue publicar *Os Lusíadas* em 1572, recebendo em recompensa uma modesta pensão do rei D. Sebastião. Morre em 10 de junho de 1580, ainda desconhecido do público português.

Bibliografia

CAMÕES, Luiz Vaz de. *Os Lusíadas*. Introdução e notas de Vítor Ramos. São Paulo, Cultrix, 1980.

CÂNDIDO, Antonio. "A personagem do romance", em *A personagem de ficção*. São Paulo, Editora Perspectiva, 1981.

IÁÑEZ, Eduardo. *O Renascimento literário europeu*. Lisboa, Planeta Editora, 1989.

MASTERS, Roger. *Da Vinci e Maquiavel – um sonho renascentista*. Rio, Jorge Zahar Editor, 1999.

SARAIVA, Atónio José. *Iniciação à Literatura Portuguesa*. São Paulo, Cia. das Letras, 1999.

Impressão e Acabamento
Bartiragráfica
(011) 4393-2911